Eile mit Weile

会話ではじめるドイツ語文法

Mami Sakurai

SANSHUSHA

はじめに

　この本は、ドイツ語を初めて学ぶ皆さんが、ドイツ語の文法を理解し、運用できるようにする教科書です。この教科書を手にしている皆さんは、これから学ぶドイツ語を前にワクワクしていることでしょう。もしかしたら、少し不安に感じている人もいるかもしれません。ある言語を身につけようとすると、やはりその言語のしくみである文法を避けて通ることはできません。ですが、そのしくみを理解することで、文やフレーズを一つ一つ丸暗記する必要がなくなり、学んだことを自分で組み合わせて応用できるようになります。そうして、理解できること、表現できることが増えていくのです。

この教科書では、
- 日常的によく使われる表現に即した文法項目を順番に取り上げました。
- 各課の最初に、その課で学ぶ文法項目を用いたスキットを載せました。スキットの表現を理解し、スラスラ言えるようになったら、一緒に挙げてある語句や学んだ表現で置きかえて練習してみましょう。
- 例文には日常的で身近な語彙・表現が使われています。
- 文法説明の間に練習問題を配置し、各課の冒頭から順番に取り組めるようにしました。各課の最後には作文練習があり、基礎的な練習から応用練習まで段階を踏んで進むことができます。

Eile mit Weile. 急がば回れ
　ドイツ語を学び始めると、最初から覚える規則が多いなと思うことがあるかもしれません。そして、そのためになかなかドイツ語が使えるようになったと感じることができないかもしれません。ですが、新しい言語を学ぶときには、それが遠回りに思えても、後から考えると最短の道だったりします。ぜひ自分を信じて進んでみてください。

　Viel Spaß und Erfolg beim Deutschlernen!

2023年春　著者

もくじ

> ご出身は？　Wortschatz 国名・専攻
●動詞の現在人称変化　●人称代名詞と動詞の語尾　●2人称親称du、ihr
と敬称Sie　●注意が必要な動詞　●基本語順　●最重要動詞sein（be）と
haben（have）　これも知っておこう！⊗ご職業は何ですか？

> 何をお探しですか？　Wortschatz 衣服に使える形容詞
●名詞の性　●名詞の格　●定冠詞（the）と名詞の格変化　●不定冠詞（a, an）
と名詞の格変化　●定冠詞と不定冠詞　●複数形
これも知っておこう！⊗男性弱変化名詞

> 週末どこに行くの？　Wortschatz 言語
●不規則動詞の現在人称変化　●注意が必要な動詞　●その他の重要な不規則
変化動詞　●決定疑問文の答え方　これも知っておこう！⊗数字0〜12

> 〜に行くんだ　Wortschatz & Ausdruck 〜へ行く　曜日、月、季節
●前置詞の格支配　●前置詞と定冠詞の融合形
これも知っておこう！⊗国名の性と冠詞

> どのバスに乗るの？　Wortschatz 乗り物
●定冠詞類　●不定冠詞類　●nichtとkeinの使い分け
これも知っておこう！⊗nichtの位置

> このコート気に入っている？　Wortschatz 衣服
●人称代名詞の格変化　●3格目的語と4格目的語の語順　●da/dar＋前置詞
●非人称のes　これも知っておこう！⊗数字13〜100

> 夏休みに何をする？　Wortschatz & Ausdruck 休暇
●話法の助動詞の現在人称変化　●話法の助動詞の種類と用法　●話法の助動
詞の語順　●話法の助動詞の単独用法　●未来・推量の助動詞werden
これも知っておこう！⊗werdenの役割

🎵 Das Alphabet　アルファベート

A	a	［á: アー］	**A**pfel りんご	**A**bend 晩
B	b	［bé: ベー］	**B**aum 木	**B**uch 本
C	c	［tsé: ツェー］	**C**afé カフェ	**C**hemie 化学
D	d	［dé: デー］	**D**ach 屋根	**D**eutsch ドイツ語
E	e	［é: エー］	**E**nde 終わり	**E**sel ロバ
F	f	［éf エフ］	**F**ahrrad 自転車	**F**enster 窓
G	g	［gé: ゲー］	**G**eige バイオリン	**G**arten 庭
H	h	［há: ハー］	**H**aus 家	**H**ut 帽子
I	i	［í: イー］	**I**nsel 島	**I**dee アイディア
J	j	［jɔ́t ヨット］	**J**apan 日本	**J**acke ジャケット
K	k	［ká: カー］	**K**ind 子ども	**K**uchen ケーキ
L	l	［él エル］	**L**and 国	**L**ampe ランプ
M	m	［ém エム］	**M**utter 母	**M**und 口
N	n	［én エン］	**N**ase 鼻	**N**ebel 霧
O	o	［ó: オー］	**O**hr 耳	**O**bst 果物
P	p	［pé: ペー］	**P**apier 紙	**P**uppe 人形
Q	q	［kú: クー］	**Q**uelle 泉	**Q**ualität 品質
R	r	［ér エる］	**R**ock スカート	**R**adio ラジオ
S	s	［és エス］	**S**ohn 息子	**S**uppe スープ
T	t	［té: テー］	**T**isch 机	**T**asche かばん

U u	[ú: ウー]	**U**niversität 大学	**U**-Bahn 地下鉄
V v	[fáʊ ファオ]	**V**ater 父	**V**ogel 鳥
W w	[vé: ヴェー]	**W**and 壁	**W**ein ワイン
X x	[íks イクス]	**X**ylofon 木琴	
Y y	[ýpsilɔn ユプスィロン]	**Y**oga ヨガ	**Y**en 円
Z z	[tsét ツェット]	**Z**ahn 歯	**Z**ug 列車
Ä ä	[ɛ́: エー／アーウムラウト]	**Ä**pfel りんご（複数）	**Ä**rzte 医者（複数）
Ö ö	[ǿ: エー／オーウムラウト]	**Ö**l 油	**Ö**konomie 経済
Ü ü	[ý: ユー／ウーウムラウト]	**Ü**bung 練習	
ß	[ɛstsét エスツェット]	Stra**ß**e 通り	Fu**ß** 足

2017年6月29日に公布された正書法から
ßの大文字ẞが登場しました。ちなみに、
ßで始まる単語は存在しません。

🎵 (((声に出して読んでみよう)))

DB	ICE	BMW	VW	ZDF	ARD
EU	BRD	USA	PC	USB	LKW

発音とつづりの読み方

発音の大原則

- だいたいローマ字を読むように読みます。
- アクセントは最初の母音におきます。
- アクセントのある母音：子音が1つ続く　　→ やや長く読みます
　　　　　　　　　　　　子音が2つ以上続く　→ のばさないで読みます

♪ 04 (((声に出して読んでみよう)))

Name　名前　　Tante　おば　　geben　与える　　helfen　助ける　　Kino　映画館
trinken　飲む　Foto　写真　　kommen　来る　　gut　良い

♪ 05 ウムラウト

ä [ɛ:] [ɛ]　　　　Hände　手（複数）　　Kälte　寒さ　　Käse　チーズ
ö [ø:] [œ]　　　　hören　聞く　　könnnen　できる　　zwölf　12
ü [y:] [ʏ]　　　　fünf　5　　　müde　疲れた　　Übung　練習

注意する母音

ei [aɪ]　　　　Arbeit　仕事　　drei　3　　　nein　いいえ
ie [i:]　　　　Brief　手紙　　tief　深い　　Wien　ウィーン
eu, äu [ɔʏ]　heute　今日　　neun　9　　　Bäume　木（複数）

aa [a:], ee [e:], oo [o:]

　　　　　　　Haar　髪　　Tee　紅茶　　Zoo　動物園

母音＋h　hは発音しないで母音を長く発音します。

　　　　　　　Bahn　鉄道　　gehen　行く　　ohne　～なしで

rの母音化

語末のer, r [ɐ]　aber　しかし　　Bruder　兄、弟　　Mutter　母
　　　　　　　er　彼は　　　Uhr　時計　　wir　私たちは

注意する子音

語末の**b, d, g** [p] [t] [k]	halb 半分の	und ～と	Tag 日
ch a/o/u/au の後 [x]	nach ～の後で	kochen 料理する	Buch 本　auch ～も
それ以外 [ç]	ich 私は	echt 本物の	Milch 牛乳
chs, x [ks]	Fuchs キツネ	sechs 6	Taxi タクシー
語末の**ig** [iç]	billig 安い	neunzig 90	ruhig 静かな
j [j]	ja はい	Japan 日本	Junge 少年
pf [pf]	Apfel りんご	Kopf 頭	Pferd 馬
qu [kv]	Qualität 品質	Quelle 泉	Quittung 領収書
s＋母音 [z]	sagen 言う	See 海、湖	Sohn 息子
sそれ以外 [s]	Bus バス	Glas ガラス	was 何？
sch [ʃ]	Schnee 雪	schon すでに	Tisch 机
ss, ß [s]	essen 食べる	Fuß 足	heißen ～という名前である
語頭の**sp, st** [ʃp] [ʃt]	Spaß 楽しみ	sprechen 話す	Student 学生
tsch [tʃ]	Deutsch ドイツ語	Tschechien チェコ	
v [f]	Vater 父	viel たくさんの	von ～から、～の
w [v]	Wein ワイン	Winter 冬	Wort 単語
z [ts]	Holz 木材	Zeit 時間	Zug 列車
ds, ts, tz [ts]	abends 晩に	nachts 夜に	jetzt 今
dt, th [t]	Stadt 都市	Thema テーマ	
語末の**ng** [ŋ]	jung 若い	lang 長い	Wohnung 住まい

(((声に出して読んでみよう)))

あいさつ

Guten Morgen.　　Guten Tag.　　Hallo.
Guten Abend.　　Gute Nacht.　　Auf Wiedersehen.
Tschüs.　　Bis morgen.　　Schönes Wochenende.
Danke schön.　　Bitte schön.

動詞の現在人称変化

A: Hallo, ich bin Jonas. Wie heißt du?

こんにちは、僕はヨーナスです。あなたのお名前は？

B: Ich heiße Sayaka.

私はサヤカと言います。

A: Woher kommst du?

あなたはどこ出身ですか？

B: Ich komme aus Japan.

私は日本出身です。

国名

Wortschatz

Deutschland ドイツ　　Österreich オーストリア　　die Schweiz スイス　　Liechtenstein リヒテンシュタイン

Belgien ベルギー　　Luxemburg ルクセンブルク　　Frankreich フランス　　Italien イタリア

Amerika アメリカ　　Japan 日本　　Korea 韓国　　China 中国

動詞の現在人称変化

- 主語によって動詞の語尾の形が異なります。
- 動詞を主語に合わせて変化させた形を**定動詞**と呼びます。
- 動詞の不定詞＝語幹＋語尾**en**

kommen　来る　　komm-en　　Woher komm**st du**? — **Ich** komm**e** aus Tokio.

あなたはどこ出身ですか？ — 私は東京出身です。

lernen　学ぶ　　lern-en　　Was lern**st du** jetzt? — **Ich** lern**e** Deutsch.

今何を勉強しているの？ — ドイツ語を勉強しています。

＊語尾が**n**だけの動詞もあります。

wandern　ハイキングをする　　wander-n

Wander**st du** gern? — Ja, **ich** wander**e** sehr gern.

ハイキングをするのは好きですか？ — はい、とても好きです。

人称代名詞と動詞の語尾

	単数	複数			単数	複数
1人称	ich komm**e**	wir komm**en**			er	
2人称 親称	du komm**st**	ihr komm**t**	3人称	sie komm**t**	sie komm**en**
敬称	Sie komm**en**				es	

2人称親称du、ihrと敬称Sie

du、ihr：家族、友人、親戚、学生同士、子どもなどに対して用います。

Sie：それ以外の特に親しくはない間柄の人に対して用います。単数・複数で同じ形です。

Übung 1 ▶ 次の動詞を現在形で人称変化させましょう。

	gehen 行く	kochen 料理する	lernen 勉強する	studieren （大学で）専攻する	wohnen 住む
ich					
du					
er/sie/es					
wir					
ihr					
sie					
Sie					

注意が必要な動詞

① 語幹がt、dなどで終わる動詞

arbei**t**en 働く　ba**d**en 泳ぐ　fin**d**en 見つける、思う　kos**t**en （〜の）値段である

re**d**en 話す　war**t**en 待つ ...

主語がdu、ihr、3人称単数（er, sie, es）のとき、語幹と語尾の間に**e**を入れます。

　du arbei**t**est ○　　　du arbeitst ×

　er/sie/es arbei**t**et ○　　er/sie/es arbeitt ×

　ihr arbei**t**et ○　　　ihr arbeitt ×

Wo arbei**t**et Jonas jetzt? — **Er** arbeitet jetzt in München.

ヨーナスは今どこで働いているの？ — 彼は今ミュンヘンで働いています。

Wie find**est du** Anna? — **Ich** find**e** Anna sehr nett.

アンナのことどう思う？ — とても感じがいいと思います。

② 語幹がs、ß、zなどで終わる動詞

hei**ß**en 〜という名前である　put**z**en きれいにする　rei**s**en 旅行する　sit**z**en 座っている

tan**z**en 踊る ...

主語がduのとき、語尾が–stではなく–tになります。

du heißt ○   du heißst ×

du reist ○   du reisst ×

Wie heißt **du**? — **Ich** heiße Jonas.

あなたのお名前は？ ― 僕はヨーナスと言います。

Reist **du** gern? — Ja, **ich** reise sehr gern.

旅行するのは好きですか？ ― はい、とても好きです。

Übung 2 ▶▶ 次の動詞を現在形で人称変化させましょう。

	baden	warten	putzen	sitzen
ich				
du				
er/sie/es				
wir				
ihr				
sie				
Sie				

⑨ Übung 3 ▶▶ ［　］の動詞の適切な形を（　）に入れましょう。

1) Woher (　　　) Sayaka? — Sie (　　　) aus Tokio. ［kommen］
2) Was (　　　) du? — Ich (　　　) Physik. ［studieren］
3) Was (　　　) ihr am Wochenende? — Wir (　　　) Fußball. ［machen / spielen］
4) Was (　　　) du gern? — Ich (　　　) gern Kaffee. ［trinken］
5) Wo (　　　) Lea und Jonas? — Sie (　　　) in Zürich. ［wohnen］
6) (　　　) ihr Deutsch? — Nein, wir (　　　) Italienisch. ［lernen］
7) Wohin (　　　) du? — Ich (　　　) nach Wien. ［reisen］
8) Wo (　　　) du? — Ich (　　　) in Frankfurt. ［arbeiten］
9) (　　　) du oft? — Nein, ich (　　　) nicht gern. ［tanzen］
10) (　　　) ihr schon lange? — Ja, wir (　　　) schon sehr lange. ［warten］

専攻

Wortschatz
Biologie 生物学　　Chemie 化学　　Germanistik ドイツ語学文学　　Geschichte 歴史学
Informatik 情報処理学　　Japanologie 日本語学文学　　Jura 法学　　Medizin 医学　　Physik 物理学
Politikwissenschaft 政治学　　Psychologie 心理学　　Wirtschaftswissenschaften 経済学

基本語順

• 平叙文

定動詞は2番目。 　①　 ②定動詞 　～　 .

Ich arbeite jetzt in Deutschland. 私は今ドイツで働いています。

Jetzt arbeite ich in Deutschland. 今私はドイツで働いています。

In Deutschland arbeite ich jetzt. ドイツで私は今働いています。

　※定動詞は2つ目の単語とは限らない！

• 補足疑問文 （＝疑問詞を使った疑問文）

　疑問詞　 定動詞 　主語 　～　 ?

Wo arbeiten Sie jetzt?

今どこで働いているのですか？

• 決定疑問文

（＝ja はい / nein いいえ で答える疑問文）

　定動詞 　主語 　～　 ?

Arbeiten Sie jetzt in Deutschland?

今ドイツで働いているのですか？

疑問詞 🔟

誰	**Wer** bist du denn?
何	**Was** machen Sie morgen?
どこで	**Wo** arbeiten Sie jetzt?
どこから	**Woher** kommen Sie?
どこへ	**Wohin** fahren Sie morgen?
いつ	**Wann** fahren Sie nach Berlin?
どのように	**Wie** fahren Sie nach Berlin?
なぜ	**Warum** fahren Sie nach Berlin?

🔟 **Übung 4** ▶ 単語を並べかえて文を作りましょう。

1） lernt / Lisa / was / ? — Japanisch / lernt / sie / .

2） du / jetzt / wo / wohnst / ? — ich / in / jetzt / Tokio / wohne / .

3） arbeitet / in / Japan / Paul / ? — er / in / Japan / nein / studiert / , / .

4） gern / Sie / trinken / was / ? — Bier / gern / ich / trinke / .

5） Fußball / gern / ihr / spielt / ? — Fußball / gern / ja / spielen / wir / , / .

最重要動詞 sein (be) と haben (have)

sein	
ich **bin**	wir **sind**
du **bist**	ihr **seid**
Sie **sind**	
er / sie / es **ist**	sie **sind**

haben	
ich habe	wir haben
du **hast**	ihr habt
Sie haben	
er / sie / es **hat**	sie haben

Bist du müde? — Ja, **ich bin** sehr müde.

疲れていますか？ — はい、とても疲れています。

Hast du Hunger? — Ja, **ich habe** Hunger.

おなかが空いていますか？ — はい、空いています。

Übung 5 ▶▶ 1）〜5）では sein の、6）〜10）では haben の適切な形を（　　）に入れましょう。

1）（　　　　　）Lisa Studentin? — Ja, sie（　　　　　）Studentin.

　　リーザは学生ですか？ — はい、学生です。

2）（　　　　　）Paul Student? — Ja, er（　　　　　）Student.

　　パウルは学生ですか？ — はい、学生です。

3）（　　　　　）du Studentin? — Nein, ich（　　　　　）Lehrerin.

　　あなたは学生ですか？ — いいえ、教師です。

4）Was（　　　　　）Sie von Beruf? — Ich（　　　　　）Lehrer.

　　ご職業は何ですか？ — 私は教師です。

5）（　　　　　）ihr Japaner? — Ja, wir（　　　　　）Japaner.

　　あなたたちは日本人ですか？ — はい、日本人です。

6）（　　　　　）ihr jetzt Hunger? — Ja, wir（　　　　　）Hunger.

　　あなたたちは今おなかが空いている？ — はい、空いています。

7）（　　　　　）Sie Durst? — Ja, wir（　　　　　）Durst.

　　喉が渇いていますか？ — はい、渇いています。

8）Wann（　　　　　）Lisa Zeit? — Sie（　　　　　）heute Zeit.

　　リーザはいつ時間がありますか？ — 彼女は今日時間があります。

9）Wann（　　　　　）Lisa und Paul Zeit? — Sie（　　　　　）morgen Zeit.

　　リーザとパウルはいつ時間がありますか？ — 彼らは明日時間があります。

10）（　　　　　）du Geld? — Ja, ich（　　　　　）viel Geld.

　　あなたはお金を持っていますか？ — はい、たくさん持っています。

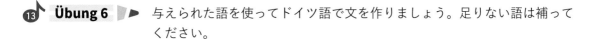

⑬ Übung 6 ▶ 与えられた語を使ってドイツ語で文を作りましょう。足りない語は補ってください。

1）テニスをなさいますか？ — いいえ、私はサッカーをします。

Fußball Tennis Sie spielen nein

2）何をするのが好きですか？ — 私は旅行をするのが好きです。

du machen reisen gern

3）あなたたちは今日何をするの？ — 今日はドイツ語を勉強します。

Deutsch ihr lernen machen heute

4）マリは日本人ですか？ — はい、[彼女は] 日本人です。

Japaner/Japanerin sein ja

5）パウルは日本語を勉強しているの？ — いいえ、[彼は] 英語を学んでいます。

Englisch Japanisch lernen nein

これも知っておこう！

🥨 ご職業は何ですか？

Was sind Sie von Beruf, Frau Müller? — Ich bin Lehrer**in**.
Was sind Sie von Beruf, Herr Müller? — Ich bin Lehrer.

ご職業は何ですか？ — 私は教師です。

Arzt/Ärztin 医者　　Fotograf/Fotografin 写真家
Ingenieur/Ingenieurin エンジニア　　Journalist/Journalistin ジャーナリスト
Koch/Köchin コック　　Maler/Malerin 画家　　Polizist/Polizistin 警察官
Sänger/Sängerin 歌手　　Schüler/Schülerin 生徒　　Student/Studentin 学生

名詞の性と格

A: Was suchen Sie?

何をお探しですか？

B: Ich suche einen Mantel.

コートを探しています。

A: Wie finden Sie den Mantel da?

そこのコートはどう思いますか？

B: Er ist sehr hübsch. Ich kaufe den Mantel.

とても素敵ですね。そのコートを買います。

衣服に使える形容詞

Wortschatz

groß 大きい　　klein 小さい　　lang 長い　　kurz 短い　　hübsch 素敵な　　schick 洒落た

schön きれいな　　altmodisch 時代遅れの　　teuer （値段が）高い　　günstig お買い得な　　billig 安い

nicht hübsch 素敵でない　　hässlich 不恰好な　　zu groß 大きすぎる

名詞の性

• 名詞は、人・生物だけでなく、もの・ことを表す名詞もすべて男性名詞、女性名詞、中性名詞のいずれかに分類されます。

> 名詞はすべて大文字で書き始めます

男性名詞	女性名詞	中性名詞
Vater 父	Mutter 母	Kind 子ども
Hund 犬	Katze ネコ	Pferd 馬
Mantel コート	Hose ズボン	T-Shirt Tシャツ
Computer コンピューター	Brille 眼鏡	Buch 本
Apfel リンゴ	Birne 梨	Obst 果物
Wein ワイン	Milch ミルク	Wasser 水
Bus バス	U-Bahn 地下鉄	Auto 車
Mund 口	Nase 鼻	Auge 目

• 名詞の性・数（単数か複数か）によって冠詞の形や代名詞が異なります。

	定冠詞	不定冠詞	人称代名詞
男性名詞	**der** Mantel	**ein** Mantel	er
女性名詞	**die** Hose	**eine** Hose	sie
中性名詞	**das** T-Shirt	**ein** T-Shirt	es
複　数	**die** Schuhe	Schuhe	sie

🎵 **Übung 1** ▶▶ 名詞の性に注意して、例にならって言いかえましょう。

例　Wo ist <u>der Computer</u>? — <u>Er</u> ist hier.　コンピューターはどこですか？ — ここです。

1) Katze

2) Auto

3) Hose

4) Wein

5) Buch

名詞の格

• 名詞や代名詞の文中での役割を表します。

• 格によっても冠詞の形や代名詞が異なります。

　1格「〜は／が」　**Der Mann** wohnt in Wien.　その男性はウィーンに住んでいます。

　2格「〜の」　　　Das Haus **des Mannes** ist groß.　その男性の家は大きいです。

　　　　　　　　　　　　＊2格は後ろから前の名詞にかかる。

　3格「〜に」　　　Ich schenke **dem Mann** Blumen.　私はその男性に花をプレゼントします。

　4格「〜を」　　　Ich liebe **den Mann**.　私はその男性を愛しています。

定冠詞 (*the*) と名詞の格変化

	男性名詞	女性名詞	中性名詞	複　数
1格	**der** Vater	**die** Mutter	**das** Kind	**die** Kinder
2格	**des** Vater**s**	**der** Mutter	**des** Kind[**e**]**s**	**der** Kinder
3格	**dem** Vater	**der** Mutter	**dem** Kind	**den** Kinder**n**
4格	**den** Vater	**die** Mutter	**das** Kind	**die** Kinder

- 男性単数２格、中性単数２格は、語尾に–sまたは–es をつけます。
- 複数３格は、語尾に–nをつけます。
- 複数形の変化は、性に関係なく１種類。

〔辞書の表記では〕

Kind 囲 -[e]s / -er

単数２格

Übung 2 ▶▶ 名詞の性に注意して、例にならって言いかえましょう。

例 Was kaufst du? [Buch] — Ich kaufe <u>das Buch</u> da. 何を買うの？ — そこの本を買うよ。

１) Mantel _____

２) Hose _____

３) Auto _____

４) Tisch男 _____

５) Brille _____

不定冠詞 (*a, an*) と名詞の格変化

	男性名詞	女性名詞	中性名詞	複　　数
１格	**ein**　Vater	**eine**　Mutter	**ein**　Kind	Kinder
２格	**eines**　Vater**s**	**einer**　Mutter	**eines**　Kind[**e**]**s**	Kinder
３格	**einem**　Vater	**einer**　Mutter	**einem**　Kind	Kinder**n**
４格	**einen**　Vater	**eine**　Mutter	**ein**　Kind	Kinder

＊不定冠詞には複数形はありません。

Übung 3 ▶▶ 名詞の性に注意して、例にならって言いかえましょう。

例 Was suchst du? [Auto] — Ich suche ein Auto. 何を探しているの？ — 車を探しているよ。

１) Mantel _____

２) Hose _____

３) Buch _____

４) Tisch _____

５) Brille _____

⓲ Übung 4 ▶ 下線部に適切なつづりを補いましょう。

1) Was kaufst du? — Ich kaufe d＿＿ Handy hier.
　　何を買うの？ — この携帯電話⊕を買うよ。

2) Was macht ihr jetzt? — Jetzt essen wir ein＿＿ Baumkuchen.
　　今から何をするの？ — 今からバウムクーヘン㊚を食べるよ。

3) Was trinkt d＿＿ Frau dort? — Sie trinkt ein＿＿ Wein.
　　あそこの女性は何を飲んでいますか？ — 彼女はワインを飲んでいます。

4) Wie findest du d＿＿ Hose dort? — D＿＿ Hose ist sehr schick.
　　あそこのズボンどう思う？ — とてもシャレているね。

5) Hast du Geschwister? — Ja, ich habe ein＿＿ Bruder und ein＿＿ Schwester.
　　きょうだいはいる？ — 兄（弟）が１人と姉（妹）が１人います。

6) Was macht Jonas? — Er schreibt d＿＿ Lehrerin ein＿＿ E-Mail.
　　ヨーナスは何をしているの？ — 先生にメール㊛を書いているよ。

7) Wem schenkst du die Blumen? — Die Blumen schenke ich ein＿＿ Freund.
　　誰にその花をプレゼントするの？ — その花は友人にプレゼントするよ。

8) D＿＿ Auto ist sehr teuer.　その車はとても高い。

9) Wir suchen ein＿＿ Wohnung in Wien.　ウィーンで住まい㊛を探している。

10) Kennen Sie d＿＿ Vater d＿＿ Kindes?　その子どもの父親を知っていますか？

定冠詞と不定冠詞

• 「どの」ことか聞き手に分かる　➡ 定冠詞

• 「どの」ことか聞き手に分からない。または、数えられる名詞で、たくさんあるものの中の不特定の１つを表す（「１つの」、「ある〜」）　➡ 不定冠詞

Ich schenke dem Kind das Buch da.　その子どもにその本をプレゼントする。
Ich schenke dem Kind ein Buch.　その子どもに本を［１冊］プレゼントする。

⓳ Übung 5 ▶ （　　）に適切な定冠詞または不定冠詞を入れましょう。

1) （　　）Lehrer schreibt （　　）Roman.　先生が小説㊚を書く。

2) （　　）Tasche （　　）Schwester ist teuer.　姉（妹）のバッグ㊛は高価だ。

3) Paul schickt （　　）Freundin （　　）Karte.　パウルはある友だちにカード㊛を［１通］送る。

4) Ich kenne （　　）Bruder （　　）Mädchens.　私はその女の子⊕の兄（弟）を知っている。

5) Mari schenkt （　　）Eltern （　　）Haus.　マリは両親㊗に家⊕を［１軒］贈る。

複数形

- 単数形に次の語尾をつけて複数形を作ります。
- どの語尾をつけるかは、辞書で確認しましょう。

無語尾型	—、⸚	Kuchen → Kuchen	Bruder → Brüder
E型	–e、⸚e	Hund → Hunde	Hand → Hände
ER型	–er、⸚er	Kind → Kinder	Mann → Männer
N型	–n、–en	Blume → Blumen	Uhr → Uhren
S型	–s	Auto → Autos	Handy → Handys

＊ER型は、アクセントがある母音がa、o、uのときは
　必ずウムラウトさせます。
＊N型とS型にウムラウトするものはありません。

〔辞書の表記では〕

Hand 女 — / ⸚e

複数形

20 **Übung 6** ▶▶ 下線部の名詞を複数形にして、全文を書きかえましょう。

1）Anna erzählt dem Bruder ein Märchen.　アンナは弟（兄）におとぎ話を話してあげる。

2）Der Mann spielt morgen Fußball.　その男性は明日サッカーをする。

3）Jonas kauft der Freundin eine Uhr und ein Auto.　ヨーナスはガールフレンドに時計と車を買う。

4）Ich schenke dem Kind einen Hund.　私はその子どもに犬をプレゼントする。

5）Die Blume ist sehr schön.　その花はとてもきれいだ。

21 **Übung 7** ▶▶ 与えられた語を使ってドイツ語で文を作りましょう。足りない語は調べて
補ってください。

1）彼は祖父に手紙働を書きます。
　　ein Brief　der Großvater　schreiben

2）パウルは今日妹に小包⊕を送ります。

　　ein Paket　　die Schwester　　schicken　　heute

3）ひとりの女性が子どもたちにその絵を説明しています。

　　das Bild　　erklären

4）きみたちはその小説をおもしろいと思う？

　　der Roman　　finden　　interessant

5）その［男子］学生の母親は先生です。（→ **これも知っておこう！**）

　　Lehrer/Lehrerin　　die Mutter

これも知っておこう！

🥨 **男性弱変化名詞**

- 男性名詞の中には、単数1格以外の語尾が –**[e]n** になるものがあります。
- 単数2格の語尾に –**[e]s** ではなく –**[e]n** をつけるのが目印です。

	単数	複数
1格	der　Student	die　Student**en**
2格	des　Student**en**	der　Student**en**
3格	dem Student**en**	den　Student**en**
4格	den　Student**en**	die　Student**en**

他に、Junge 少年　　Löwe ライオン　　Mensch 人間
Polizist 警察官　　Präsident 大統領　…

不規則動詞の現在人称変化

A: Wohin **fährst** du am Wochenende?
週末どこに行くの？

B: Am Wochenende fahre ich nach Paris.
週末はパリに行くんだ。

A: **Sprichst** du Französisch?
フランス語を話せるの？

B: Ja, ich spreche ein bisschen Französisch.
うん、少しフランス語を話すよ。

Wortschatz

言語

Deutsch ドイツ語　　Englisch 英語　　Französisch フランス語　　Italienisch イタリア語

Spanisch スペイン語　　Russisch ロシア語　　Polnisch ポーランド語　　Tschechisch チェコ語

Japanisch 日本語　　Koreanisch 朝鮮語　　Chinesisch 中国語　　Arabisch アラビア語

不規則動詞の現在人称変化

主語が du と 3 人称単数（er, sie, es）のとき、幹母音（＝語幹のアクセントがある母音）が変わる動詞があります。

◆ a → ä 型

fahren （乗り物で）行く　　fallen 落ちる　　halten 止まる　　laufen 走る

schlafen 眠っている　　tragen 運ぶ／身につけている　　waschen 洗う　…

ich	fahre	wir	fahren
du	fährst	ihr	fahrt
er	fährt	sie	fahren

Wie lange **schläfst du** immer? — Ich schlafe ungefähr sieben Stunden.
いつもどれぐらい寝るの？ — 約 7 時間寝ます。

Wer wäscht heute das Auto? — Heute wasche ich das Auto.
誰が今日車を洗うのですか？ — 今日は私が洗います。

◆ e → i 型

essen 食べる　　geben 与える　　helfen 助ける　　sprechen 話す　　treffen 出会う

nehmen 取る　…

ich	spreche	wir	sprechen
du	sprichst	ihr	sprecht
er	spricht	sie	sprechen

Was **isst du** gern? — Ich esse gern Pasta.

何を食べるのが好き？ — パスタが好きです。

Wann **trifft Lea** den Vater? — Den Vater **trifft sie** morgen.

いつレーアは父親に会いますか？ — 父親には明日会います。

◆ e → ie 型

empfehlen 薦める　lesen 読む　sehen 見る ...

ich	sehe	wir	sehen
du	siehst	ihr	seht
er	sieht	sie	sehen

Was **liest du** gerade? — Ich lese „Momo".

今何を読んでいるの？ —「モモ」を読んでいるよ。

Sieht Jonas gern Filme? — Nein, **er sieht** nicht so gern Filme.

ヨーナスは映画を見るのは好き？ — いいえ、彼は映画を見るのはそんなに好きではありません。

Übung 1 ▶ 次の動詞を現在形で人称変化させましょう。

	fallen ___型	laufen ___型	geben ___型	helfen ___型	lesen ___型	empfehlen ___型
ich						
du						
er/sie/es						
wir						
ihr						
sie						
Sie						

🎵23 Übung 2 ▶ ［　］の動詞の適切な形を（　）に入れましょう。

1）（　　　　）du Deutsch? — Ja, ich（　　　　）Deutsch.［sprechen］

2）（　　　　）ihr Japanisch? — Nein, wir（　　　　）nur Deutsch.［sprechen］

3）Wohin（　　　　）du am Wochenende? — Ich（　　　　）nach Berlin.［fahren］

4）Wohin（　　　　）ihr im Sommer? — Wir（　　　　）nach Italien.［fahren］

5）（　　　　）Sie gern Fisch? — Ja, ich（　　　　）oft Sushi.［essen］

6）（　　　　）du gern Gemüse? — Nein, aber Lisa（　　　　）gern Gemüse.［essen］

7）Was（　　　　）du gern? — Ich（　　　　）gern Krimis.［lesen］

8）（　　　　）du dem Vater oft? — Nein, aber Jonas（　　　　）dem Vater oft.［helfen］

9）Was macht Lea gern? — Sie（　　　　）gern Filme.［sehen］

10）（　　　　）du eine Brille? — Ja, ich（　　　　）immer eine Brille.［tragen］

注意が必要な動詞

	nehmen	halten
ich	nehme	halte
du	nimmst	hältst
er	nimmt	hält

※主語が複数形のときは規則変化（→ L1）します。

Nimmst du den Bus? — Nein, ich nehme ein Taxi.

バスを使うの？ — ううん、タクシーに乗るよ。

Hält der Zug auch in Rosenheim? — Nein, **der Zug hält** nicht in Rosenheim.

その列車はローゼンハイムにも停車しますか？ — いいえ、ローゼンハイムには止まりません。

その他の重要な不規則変化動詞

werden ～になる			
ich	werde	wir	werden
du	wirst	ihr	werdet
er	wird	sie	werden

Was **wirst du** später? — Ich werde Ärztin.

将来何になるの？ — 医者になります。

wissen 知っている			
ich	**weiß**	wir	wissen
du	**weißt**	ihr	wisst
er	**weiß**	sie	wissen

Wo ist das Restaurant „Kaiser"? — Das **weiß ich** nicht.

レストラン「カイザー」はどこですか？ — わかりません。

24 Übung 3 ▶▶ 日本語を参考にして、halten、nehmen、werden、wissen のいずれか
の適切な形を（　　）に入れましょう。

1) Du (　　　　) nichts, aber Lea (　　　　) alles.

あなたは何も知らないけど、レーアはなんでも知っている。

2) (　　　　) ihr das? — Nein, das (　　　　) wir leider nicht.

そのことを知っている？ — ううん、あいにく知らない。

3) Was (　　　　) Anna? — Sie (　　　　) ein Stück Schokolade.

アンナは何を取るの？ — チョコレートを1個取ります。

4) Was (　　　　) du später? — Ich (　　　　) Ingenieurin.

将来何になるの？ — エンジニアになります。

5) Was (　　　　) Jonas später? — Das (　　　　) er noch nicht.

ヨーナスは将来何になるのかな？ — 彼はまだわからないのよ。

6) (　　　　) du den Rock da? — Nein, ich (　　　　) den Rock dort.

そこのスカートにするの？ — ううん、あそこのスカートにする。

7) (　　　　) der Zug in Mannheim? — Ja, alle Züge (　　　　) in Mannheim.

その列車はマンハイムに停車しますか？ — はい、すべての列車がマンハイムに停車します。

8) Wie (　　　　) das Wetter heute? — Heute (　　　　) es sonnig und sehr heiß.

今日の天気はどうなりますか？ — 今日は晴れてとても暑くなります。

9) (　　　　) ihr das Schiff? — Nein, wir fliegen.

船にするの？ — いいえ、私たちは飛行機で行きます。

10) (　　　　) du bitte die Tasche?

バッグを持っていてくれる？

Bist du schon satt? もうお腹いっぱい？

— **Ja**, ich bin schon satt. うん、もうお腹いっぱい。

— **Nein**, ich bin noch nicht satt. ううん、まだお腹いっぱいじゃない。

Bist du noch **nicht** satt? まだお腹いっぱいじゃないの？

— **Doch**, ich bin schon satt. ううん、もうお腹いっぱい。

— **Nein**, ich bin noch nicht satt. うん、まだお腹いっぱいじゃない。

Kommt Lena aus Deutschland? レーナはドイツ出身？

— **Ja**, sie kommt aus Berlin. うん、ベルリン出身だよ。

— **Nein**, sie kommt aus Österreich, aus Wien. ううん、オーストリア、ウィーン出身だよ。

Kommt Lena **nicht** aus Deutschland? レーナはドイツ出身じゃないの？

— **Doch**, sie kommt aus Berlin. ううん、ベルリン出身だよ。

— **Nein**, sie kommt aus Österreich, aus Wien. うん、オーストリア、ウィーン出身だよ。

26 Übung 4 ▶▶ （　　）に ja、nein、doch のいずれかを、＿＿に人称代名詞を入れて会話を完成させましょう。

1）Bist du müde? —（　　　　　）, ＿＿＿＿ bin nicht müde.

2）Sind Sie Herr Schmidt, Alex Schmidt? —（　　　　　）, ＿＿＿＿ bin Alex Schmidt.

3）Seid ihr nicht müde? —（　　　　）, ＿＿＿＿ sind müde.

4）Ist Jonas nicht müde? —（　　　　）, ＿＿＿＿ ist nicht müde.

5）Spielen Sie oft Fußball? —（　　　　）, ＿＿＿＿ spiele nie Fußball.

6）Spielen Lena und du gern Tennis? —（　　　　）, ＿＿＿＿ spielen gern Tennis.

7）Sprichst du auch Englisch? —（　　　　）, ＿＿＿＿ spreche Deutsch und Englisch.

8）Spricht die Frau nicht Englisch? —（　　　　）, ＿＿＿＿ spricht nur Deutsch.

9）Ist er nicht Österreicher? —（　　　　）, ＿＿＿＿ ist Österreicher.

10）Ist die Frau Schweizerin? —（　　　　）, ＿＿＿＿ ist Ungarin.

27 Übung 5 ▶▶ 与えられた語を使ってドイツ語で文を作りましょう。足りない語は補ってください。

1）ヨーナスは週末にベルリンに行きます。きみはいつベルリンに行きますか？

nach Berlin　am Wochenende

2） その女性は毎日、新聞を読みます。きみも新聞を読みますか？

　　die Frau　jeden Tag　Zeitung　auch

3） レーアはよく両親を手伝います。きみも両親を手伝いますか？

　　die Eltern　oft

4） その男性はいつもスーツ㊚を着ています。きみはいつスーツを着ますか？

　　ein Anzug　der Mann　immer

5） 私はその子どもに人形をあげます。きみはその子どもに何をあげますか。

　　eine Puppe　geben

これも知っておこう！

✖ 数字0〜12

0	null	4	vier	8	acht	12	zwölf
1	eins	5	fünf	9	neun		
2	zwei	6	sechs	10	zehn		
3	drei	7	sieben	11	elf		

Sieben plus eins ist acht. $\quad$ $7 + 1 = 8$

Elf minus fünf ist sechs. $\quad$ $11 - 5 = 6$

Zwei mal drei ist sechs. $\quad$ $2 \times 3 = 6$

Zwölf durch vier ist drei. $\quad$ $12 \div 4 = 3$

Lektion 4　前置詞

A: Was machst du nach dem Unterricht?
授業の後に何をするの？

B: Ich lerne für die Prüfungen. Und du?
テストのために勉強する。あなたは？

A: Ich gehe mit Lea ins Café.
レーアとカフェに行くんだ。

B: Dann viel Spaß!
じゃあ、楽しんできてね！

~へ行く

Wortschatz & Ausdruck

gehen + ins Kino 映画に行く　　ins Theater 劇に行く　　ins Restaurant レストランに行く

　　　　　nach Hause 帰宅する　　einkaufen ショッピングに行く　　zum Arzt 医者に行く

　　　　　in den Supermarkt スーパーに行く　　in die Bibliothek 図書館に行く

fahren + ans Meer 海に行く　　an den See 湖に行く　　in die Stadt 街に行く

　　　　　in die Berge 山に行く　　nach Wien ウィーンに行く

前置詞の格支配

- 前置詞は特定の格（2格、3格、4格）の名詞や代名詞と結びつきます。
- どの格になるかは前置詞ごとに決まっています。

◆ 3格支配の前置詞

| aus | bei | mit | nach | seit | von | zu |

Ein Hund kommt **aus** dem Zimmer.　犬が部屋（　　　　）出てくる。

Alex wohnt noch **bei** den Eltern.　アレックスはまだ両親（　　　　）住んでいる。

Ich fahre **mit** dem Zug **nach** Berlin.　列車（　　　　）ベルリン（　　　　）行く。

Nach dem Unterricht spiele ich **mit** den Freunden Fußball.

　　　　　　　　　　　　授業（　　　　）友人たち（　　　　）サッカーをする。

Wir lernen **seit** drei Monaten Deutsch.　3ヶ月（　　　　）ドイツ語を学んでいる。

Von Montag bis Freitag habe ich Unterricht.　月曜日（　　　　）金曜日まで授業がある。

Das ist das Handy **von** Frau Fischer.　これはフィッシャーさん（　　　　）携帯電話だ。

Lea geht heute **zu** einer Freundin.　レーアは今日友人（　　　　）行く。

* von、aus：どちらも起点・出発点を表しますが、aus は「〜の中から外へ」という意味を含みます。

* bei、zu、nach：bei は「人のところ（家、部屋、店など）に（いる・ある）」、zu は「人のところ（家、部屋、店など）に（移動する）」、nach は地名と一緒に用いて「〜へ（行く）」

◆4格支配の前置詞

durch　für　gegen　ohne　um

Das Mädchen geht **durch** den Wald zur Großmutter.

その女の子は森（　　　　）祖母のところに行く。

Jonas lernt viel **für** die Prüfungen.　試験（　　　　）たくさん勉強する。

Ein Junge schwimmt **gegen** den Strom.　少年が流れ（　　　　）泳いでいる。

Ich trinke Kaffee **ohne** Zucker.　砂糖（　　　　）コーヒーを飲む。

Der Deutschunterricht beginnt **um** 10 Uhr.　ドイツ語の授業は10時（　　　　）始まる。

Wir spazieren oft **um** den See.　よく湖（　　　　）散歩する。

◆2格支配の前置詞

statt　trotz　während　wegen

Marie isst **statt** eines Brotes einen Kuchen.　パン（　　　　）ケーキを食べる。

Die Kinder spielen **trotz** des Regens Fußball.　雨（　　　　）サッカーをする。

Während der Ferien jobbe ich in einem Café.　休み（　　　　）カフェでバイトする。

Wegen der Erkältung bleibe ich heute zu Hause.　風邪（　　　　）今日は家にいる。

30 **Übung 1** ▶　最適な前置詞を1つ選んで文を完成させましょう。

1）Anna fährt（ bei / mit / nach）dem Bus（ bei / nach / zu ）München.

2）Anna und Lea gehen heute Abend（ bei / nach / zu ）einer Party.

3）Der Bus fährt（ durch / gegen / ohne ）die Stadt.

4）（ Mit / Nach / Seit ）dem Unterricht treffe ich Freunde.

5) Lea bekommt (aus / seit / von) einem Freund ein Geschenk.

6) Ich komme (aus / bei / nach) Japan.

7) Jonas hat (bei / seit / von) drei Tagen Fieber.

8) Ich arbeite viel (für / gegen / um) die Reise nach Deutschland.

9) Die Züge fahren (statt / trotz / wegen) des Schnees nicht.

10) Ich kenne die Eltern (bei / für / von) Alex.

11) Die Party beginnt (durch / für / um) 20 Uhr.

12) Der Lehrer spricht (aus / statt / während) der Prüfung nur Deutsch.

13) Wo arbeitest du denn? — Ich arbeite (bei / mit / zu) einer Bank.

14) Heute lerne ich (für / ohne / zu) Pause.

15) Schreibst du (bei / statt / wegen) einer E-Mail einen Brief?

㉛ Übung 2 ▶▶ 下線部に適切なつづりを補いましょう。

1) Reist du mit d＿＿＿ Kindern nach Europa?

子どもたちとヨーロッパに旅行するの？

2) Ich habe seit ein＿＿＿ Woche Husten.

1 週間前から咳をしている。

3) Um d＿＿＿ Haus stehen Bäume.

家の周りに木が立っている。

4) Ein Apfel fällt von d＿＿＿ Baum.

リンゴがその木から落ちる。

5) Ein Mann kommt gerade aus d＿＿＿ Supermarkt.

1 人の男性がちょうどスーパーマーケットから出てくる。

6) Ich spare Geld für ein＿＿＿ Weltreise.

世界一周旅行のためのお金を貯める。

7) Herr Lang bleibt wegen d＿＿＿ Fiebers zu Hause.

ラングさんは熱のため家にいる。

8) Während d＿＿＿ Frühstücks lese ich immer die Zeitung.

朝食の間いつも新聞を読む。

9) Nach d＿＿＿ Arbeit gehen wir Bier trinken.

仕事の後、ビールを飲みに行く。

10) Der Zug fährt durch ein＿＿＿ Tunnel.

列車はトンネルを通って行く。

♦ 3・4格支配の前置詞

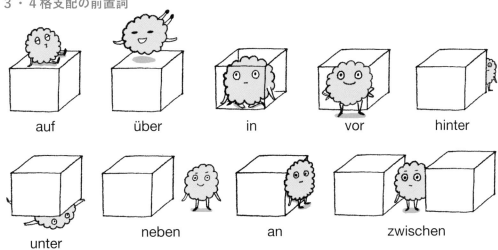

auf　　　　über　　　　in　　　　vor　　　　hinter

unter　　　　neben　　　　an　　　　zwischen

- 人やものが「いる・ある場所」を表す　➡　3格支配

　人やものが「移動する先」を表す　➡　4格支配

　Wo bist du jetzt? — In der Bibliothek. 　今どこ？ — 図書館 [にいる]。

　Wohin gehst du? — In die Bibliothek. 　どこに行くの？ — 図書館 [に行く]。

　Wo ist die Vase? — Die Vase ist vor dem Fenster. 　花瓶はどこ？ — 窓の前にあるよ。

　Wohin stellen wir die Vase? — Die Vase stellen wir vor das Fenster.

　　　　　　　　　　　　　　　　　　　　　　花瓶をどこに置こうか？ — 窓の前に置こう。

32 Übung 3 ▶ 日本語を参考にして、（　　）に適切な前置詞を、＿＿に定冠詞を入れましょう。

1 ）Der PC steht（　　　　　）＿＿＿ Tisch. パソコンは机の上にある。

2 ）Ich stelle den PC（　　　　　）＿＿＿ Tisch. パソコンを机の上に置く。

3 ）Ich hänge die Uhr（　　　　　）＿＿＿ Wand. 時計を壁にかける。

4 ）Die Uhr hängt（　　　　）＿＿＿ Wand. 時計は壁にかかっている。

5 ）Das Bett steht（　　　　）＿＿＿ Tisch und ＿＿＿ Wand. ベッドは机と壁の間にある。

6 ）Ein Mann steht（　　　　）＿＿＿ Tor. 男性が門の裏に立っている。

7 ）Ein Mädchen geht（　　　　）＿＿＿ Wald. 女の子が森の中に入って行く。

8 ）Im Sommer fahren wir oft（　　　　）＿＿＿ Ostsee. 夏によくバルト海に行く。

9 ）Eine Katze liegt（　　　　）＿＿＿ Bett. ネコがベッドの前に寝そべっている。

10）Der Bus fährt（　　　　）＿＿＿ Brücke（　　）＿＿＿ Stadt. バスはその橋を渡って街に行く。

31

- いくつかの前置詞は特定の定冠詞と融合した形で用いられることがあります。

  Am Freitag gehen wir **ins** Restaurant.　金曜日に私たちはレストランに行く。

  Im Sommer fährt Alex oft **ans** Meer.　夏にアレックスはよく海に行く。

am < an dem	ans < an das	beim < bei dem
im < in dem	ins < in das	zum < zu dem
vom < von dem	aufs < auf das	zur < zu der　　など

- 融合形が存在する組み合わせをあえて融合させないで用いると、定冠詞の「その」という意味が強調されます。

  Wir gehen **ins** Restaurant.　レストランに行く。

  Wir gehen **in das** Restaurant.　そのレストランに行く。

曜日、月、季節

Wortschatz

am Montag Dienstag Mittwoch Donnerstag Freitag Samstag Sonntag Wochenende

im Januar Februar März April Mai Juni Juli August September Oktober November Dezember

im Frühling Sommer Herbst Winter

---

33 **Übung 4** ▶▶　例にならって言いかえましょう。

例　der Supermarkt / neben; die Apotheke

Wohin gehst du? — Ich gehe in den Supermarkt. — Wo ist der Supermarkt?

— Neben der Apotheke.

1） das Kino / hinter; das Museum

2） die Bibliothek / vor; das Café

3） der Park / an; der Bahnhof

4） das Café / zwischen; das Restaurant „Kaiser", die Schule

5） die Mensa / neben; das Tor

34 **Übung 5** ▶▶　与えられた語を使ってドイツ語で文を作りましょう。足りない語は補ってください。

1） 週末に子どもたちとレストランに行きます。

das Restaurant　　das Wochenende　　ich

2) ヨーナスはいつも地下鉄で大学に行きます。

   die U-Bahn   die Universität   immer

3) アンナは1ヶ月前からおじさんとおばさんのところに住んでいます。

   ein Monat   der Onkel   die Tante   wohnen

4) 試験の後、私たちは湖でパーティーをします。

   eine Party   die Prüfung   der See   machen

5) パーティーの間、ガールフレンドとだけ話すの？

   die Freundin   sprechen   du   nur

これも知っておこう！

🥨 国名の性と冠詞

国名にも性があります。また、複数形の国名もあります。

   男性名詞 der Irak, der Iran, ...

   女性名詞 die Schweiz, die Slowakei, die Türkei, ...

   中性名詞 Deutschland, Österreich, Japan, China, Korea, ...

   複　　数 die Niederlande, die USA, ...

- 男性名詞、女性名詞、複数形の国名には定冠詞をつけます。
- 定冠詞をつける国名を行き先にするときは、nach ではなく in を使います。

   Wohin fährst du? — Ich fahre **nach Deutschland**.

   Wohin fährst du? — Ich fahre **in die Schweiz**.

Lektion 5 定冠詞類・不定冠詞類

A: Welchen Bus nimmst du?

どのバスに乗るの？

B: Ich nehme diesen Bus.

このバスに乗るよ。

A: Fährst du immer mit diesem Bus zur Uni?

いつもこのバスで大学へ行くの？

B: Ja, aber ich fahre auch mit meinem
Fahrrad.

うん、でも自分の自転車でも行くよ。

乗り物

Wortschatz

das Auto 車　　der Bus バス　　das Fahrrad 自転車　　das Flugzeug 飛行機

der Hubschrauber ヘリコプター　　das Motorrad バイク　　die S-Bahn 都市鉄道　　das Schiff 船

die Straßenbahn 路面電車　　das Taxi タクシー　　die U-Bahn 地下鉄　　der Zug 列車

定冠詞類

• **dieser** この　　**welcher** どの？　　**jeder** 各々の／どの〜も

aller すべての　　**jener** あの／例の

などは、後ろにくる名詞の性・数・格に応じて、定冠詞と同じように変化します。

Welchen Mantel kaufst du? — Ich kaufe **diesen** Mantel.

どのコートを買うの？ — このコートを買うよ。

Bekommen **alle** Kinder ein Buch? — Ja, **jedes** Kind bekommt ein Buch.

すべての子どもたちが本をもらうのですか？ — はい、どの子どもも本をもらいます。

Seit **jenem** Sommer besuche ich **jedes** Jahr Wien.

あの夏以来、毎年ウィーンを訪れます。

	男性名詞	女性名詞	中性名詞	複　　数
1格	dies**er** Vater	dies**e** Mutter	dies**es** Kind	dies**e** Kinder
2格	dies**es** Vater**s**	dies**er** Mutter	dies**es** Kind[e]s	dies**er** Kinder
3格	dies**em** Vater	dies**er** Mutter	dies**em** Kind	dies**en** Kinder**n**
4格	dies**en** Vater	dies**e** Mutter	dies**es** Kind	dies**e** Kinder

Übung 1 ▶ 格変化させましょう。

1格	welch____ Mantel	welch____ Hose	jed____ Kleid	all____ Schuhe
2格	_____	_____	_____	_____
3格	_____	_____	_____	_____
4格	_____	_____	_____	_____

🎵36 **Übung 2** ▶ 下線部に適切なつづりを補いましょう。

1）Welch____ PC kaufst du? — Ich kaufe dies____ PC.

どのパソコンを買うの？ — このパソコンを買うよ。

2）Welch____ Tasche kaufst du? — Ich kaufe dies____ Tasche.

どのバッグを買うの？ — このバッグを買うよ。

3）Welch____ Auto kaufst du? — Ich kaufe dies____ Auto.

どの車を買うの？ — この車を買うよ。

4）Dies____ Frau kauft all____ Blumen hier.

この女性がここにあるすべての花を買います。

5）Ich schenke jed____ Kind ein Buch.

どの子どもにも本を1冊プレゼントする。

6）Ich schenke all____ Kindern ein Buch.

すべての子どもたちに本を1冊プレゼントする。

7）Heute Abend essen wir in dies____ Restaurant.

今晩私たちはこのレストランで食事をする。

8）Wem* gehört* dies____ Kugelschreiber? — Er gehört dies____ Studenten.

このボールペンは誰のもの？ — それはこの［男子］学生のものだよ。

9）Jonas sieht jed____ Film von dies____ Schauspielerin.

ヨーナスはこの女優のどの映画も見ます。

10）Mit welch____ Bus fährst du nach Hause? — Mit dies____ Bus.

どのバスで家に帰るの？ — このバスで。

1格 wer	2格 wessen
3格 wem	4格 wen

gehören + 3格

= ~¹ は ~³ のものである

- 所有冠詞と否定冠詞 kein は、後ろにくる名詞の性・数・格に応じて、単数形で不定冠詞と、複数形で定冠詞と同じように変化します。

◆所有冠詞

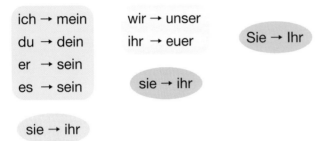

ich → mein   wir → unser

du → dein   ihr → euer   Sie → Ihr

er → sein

es → sein   sie → ihr

sie → ihr

Mein Bruder trifft jeden Tag **seine** Freundin.

兄（弟）は毎日ガールフレンドに会う。

Kennst du **unsere** Eltern? — Ja, ich kenne **euere/eure** Eltern.

私たちの両親を知っている？ — うん、きみたちの両親を知っているよ。

	男性名詞	女性名詞	中性名詞	複　　数
1格	mein△ Vater	mein**e** Mutter	mein△ Kind	mein**e** Kinder
2格	mein**es** Vater**s**	mein**er** Mutter	mein**es** Kind[e]**s**	mein**er** Kinder
3格	mein**em** Vater	mein**er** Mutter	mein**em** Kind	mein**en** Kinder**n**
4格	mein**en** Vater	mein**e** Mutter	mein△ Kind	mein**e** Kinder

* euer は格語尾をつけると、語幹の e を省略することがあります。

euere Eltern   eure Eltern

Übung 3 ▶ 格変化させましょう。

1格 unser＿＿＿ Vater   sein＿＿＿ Mutter   ihr＿＿＿ Kind   euer＿＿＿ Kinder

2格 ＿＿＿＿＿＿＿＿＿＿   ＿＿＿＿＿＿＿＿＿＿   ＿＿＿＿＿＿＿＿＿＿   ＿＿＿＿＿＿＿＿＿＿

3格 ＿＿＿＿＿＿＿＿＿＿   ＿＿＿＿＿＿＿＿＿＿   ＿＿＿＿＿＿＿＿＿＿   ＿＿＿＿＿＿＿＿＿＿

4格 ＿＿＿＿＿＿＿＿＿＿   ＿＿＿＿＿＿＿＿＿＿   ＿＿＿＿＿＿＿＿＿＿   ＿＿＿＿＿＿＿＿＿＿

37 **Übung 4** ▶ 下線部に適切なつづりを補いましょう。つづりを補う必要がない場合は「×」を記入すること。

1）Mein＿＿＿ Tochter spricht Englisch, aber mein＿＿＿ Sohn spricht nur Deutsch.

娘は英語を話しますが、息子はドイツ語しか話しません。

2）Das ist unser＿＿＿ Lehrerin. Ich kenne auch ihr＿＿＿ Mann.

こちらは私たちの先生です。彼女の夫のことも知っています。

3）Wie heißt die Freundin dein＿＿＿ Bruders? — Lea.

きみのお兄さん（弟）の彼女はなんという名前？ — レーアだよ。

4）Wie heißt der Freund dein＿＿＿ Schwester? — Jonas.

きみのお姉さん（妹）の彼氏はなんという名前？ — ヨーナスだよ。

5）Wie alt sind Ihr＿＿＿ Kinder? — Sie sind fünf und sieben.

お子さんは何歳ですか？ — 5歳と7歳です。

6）Mein＿＿＿ Bruder streitet oft mit unser＿＿＿ Vater.

兄（弟）はよく父と言い争いをする。

7）Mein＿＿＿ Schwester streitet oft mit ihr＿＿＿ Lehrerin.

姉（妹）はよく先生と言い争いをする。

8）Jonas bekommt von sein＿＿＿ Eltern kein＿＿＿ Geld.

ヨーナスは両親からお金をもらわない。

9）Anna gibt ihr＿＿＿ Sohn ihr＿＿＿ Ring.

アンナは息子に自分の指輪をあげる。

10）Gehört das Auto dein＿＿＿ Vater? — Nein, es gehört mein＿＿＿ Mutter.

その車はきみのお父さんのもの？ — ううん、私の母のものだよ。

nicht と kein の使い分け

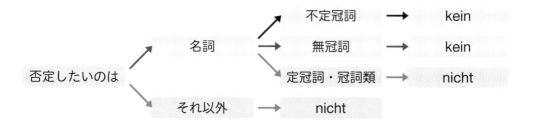

Hast du einen Kugelschreiber? — Nein, ich habe **keinen** Kugelschreiber.

Isst du Fleisch? — Nein, ich esse **kein** Fleisch.

Hast du Geschwister? — Nein, ich habe **keine** Geschwister.

Ist das dein Handy? — Nein, das ist **nicht** mein Handy.

Bist du Student? — Nein, ich bin **nicht** Student. / Nein, ich bin **kein** Student.

Bist du müde? — Nein, ich bin **nicht** müde.

Arbeiten Sie in Japan? — Nein, in Japan arbeite ich **nicht**.

Kommst du morgen zur Uni? — Nein, morgen komme ich **nicht** zur Uni.

38 **Übung 5** ▶▶ 次の質問にNeinで答えましょう。

1 ）Hast du einen Hund? — Nein, _____

2 ）Habt ihr Hunger? — Nein, _____

3 ）Ist Jonas krank? — Nein, _____

4 ）Ist das euer Buch? — Nein, _____

5 ）Spielt Lea gern Fußball? — Nein, _____

6 ）Brauchst du Milch? — Nein, _____

7 ）Bleiben Sie heute zu Hause? — Nein, _____

8 ）Trinkst du Alkohol? — Nein, _____

9 ）Fährt dieses Auto schnell? — Nein, _____

10）Hat der Mann Kinder? — Nein, _____

39 **Übung 6** ▶▶ 与えられた語を使ってドイツ語で文を作りましょう。足りない語は補ってください。

1 ）私の姉は毎日このカフェで働いています。

Café　Schwester　arbeiten　jeden Tag　in

_____

2 ）あなたはあなたの子どもたちにどのケーキを買いますか？

Kuchen　Sie

_____

3 ）私の妻は私たちの娘にこの指輪をプレゼントする。

Frau　Ring　Tochter　schenken

_____

４）すべての手紙がこの机の上にあります。

Brief/Briefe　Tisch　liegen　auf

5）私は今お腹が空いていません。だから、学食には行きません。

Hunger　die Mensa　jetzt　deshalb　in

これも知っておこう！

🥨 nicht の位置

nicht は問われている部分の前に置きます。動詞を人称変化させる
前の不定詞句の語順で考えるのがポイントです。

たとえば、「私は疲れていません」の場合は「疲れている（müde
sein）」かどうかが問われているので、nicht をその前に置きます。

　　ich　　**nicht** müde <u>sein</u>

　　Ich bin **nicht** müde.

「私は今日大学に行きません」の場合は「大学に行く（zur Uni
gehen）」かどうかが問われているので、nicht をその前に置きます。

　　ich　　　heute **nicht** zur Uni <u>gehen</u>

　　Ich gehe heute **nicht** zur Uni.

Lektion 6　人称代名詞

A: Gefällt dir dieser Mantel?
このコート気に入っている？

B: Ja, er passt mir sehr gut.
うん、僕にとてもピッタリだよ。

A: Kaufst du dann diesen Mantel?
じゃあ、このコート買うの？

B: Ja, natürlich!
うん、もちろん。

衣服

Wortschatz

der Anzug スーツ　　die Bluse ブラウス　　das Hemd シャツ　　die Handschuhe 手袋（複数）

der Hut 帽子　　die Jacke ジャケット　　das Kleid ワンピース　　die Krawatte ネクタイ

der Mantel コート　　der Rock スカート　　der Schal マフラー　　die Schuhe 靴（複数）

die Socken 靴下（複数）　　das T-Shirt Tシャツ

人称代名詞の格変化

• 人称代名詞も文中での役割によって格変化します。

	単数					複数			2人称敬称
	1人称	2人称	3人称			1人称	2人称	3人称	
1格	ich	du	er	sie	es	wir	ihr	sie	Sie
3格	mir	dir	ihm	ihr	ihm	uns	euch	ihnen	Ihnen
4格	mich	dich	ihn	sie	es	uns	euch	sie	Sie

男性名詞　　女性名詞　　中性名詞

＊人称代名詞の2格は、現在はあまり使われないので、ここでは省略します。

Übung 1　　意味が通るように（　　）に適切な人称代名詞を入れましょう。

1）Wie findest du dieses Kleid? —（　　　　）ist mir zu groß.

2）Wie findest du diese Socken? —（　　　　）sind hässlich.

3）Wie findest du diese Krawatte? —（　　　　）gefällt mir nicht.

4) Wie findest du diesen Schal? — (　　　　) ist sehr schön.

5) Wie findest du das Baby? — Ich finde (　　　　) sehr süß.

6) Wo ist das Café? Ich finde (　　　　) nicht.

7) Wo ist die Peterskirche? Ich finde (　　　　) nicht.

8) Wo ist der Schlüssel? Ich finde (　　　　) nicht.

9) Wo sind meine Handschuhe? Ich finde (　　　　) nicht.

10) Wo ist mein Kind? Ich finde (　　　　) nicht.

Übung 2 ▶ 日本語を参考にして、(　　) に適切な人称代名詞を入れましょう。

1) Kennst du (　　　　)? — Nein, aber (　　　　) kenne ich.
彼女のこと知ってる？ — ううん、でも彼のことは知っている。

2) Wer besucht (　　　　)? — Unsere Großeltern besuchen (　　　　).
誰がきみたちを訪ねてくるの？ — 私たちの祖父母が私たちを訪ねてくるよ。

3) Was schenkt ihr euren Eltern? — Wir schenken (　　　　) ein Haus mit Garten.
ご両親に何をプレゼントしますか？ — 庭のある家を贈ります。

4) Was schenkst du deiner Freundin? — Ich schenke (　　　　) einen Ring.
何をガールフレンドにプレゼントするの？ — 指輪をプレゼントします。

5) Was schenken Sie Ihrem Freund? — Ich schenke (　　　　) eine Krawatte.
何をボーイフレンドにプレゼントされるのですか？ — ネクタイを贈ります。

6) Verstehst du (　　　　)? — Ja, ich verstehe (　　　　) sehr gut.
私の言っていることわかる？ — うん、きみの言っていること、とてもよくわかるよ。

7) Meine Eltern geben (　　　　) Taschengeld.
両親が私にお小遣いをくれる。

8) Ich danke (　　　　) herzlich.
あなた [敬称] に心から感謝しています。

9) Wer hilft dem Kind? — Ich helfe (　　　　).
誰がその子どもを助けるの？ — 私が助けます。

10) Das ist Jonas. (　　　　) ist ein Freund von (　　　　).
こちらはヨーナスです。彼は私たちの友人の１人です。

3格目的語と4格目的語の語順

・ 定動詞の右側に3格目的語と4格目的語が並ぶとき、通常は **3格**–**4格** という語順になります。

Ich schenke meinem Vater die Krawatte.　父にそのネクタイをプレゼントする。
　　　　　　　 3格　　　　　　 4格

Ich schenke ihm die Krawatte.
　　　　　　 3格　　 4格

・ 4格が人称代名詞のときは **4格**–**3格** の語順になります。

Ich schenke sie meinem Vater.
　　　　　　 4格　　 3格

Ich schenke sie ihm.
　　　　　　 4格 3格

 Übung 3 ▶　下線部を代名詞にして全文を書きかえましょう。

1 ） <u>Meine Tochter</u> liebt <u>diesen Studenten</u>.

___

2 ） <u>Der Lehrer</u> bringt <u>den Kindern</u> Geschenke.

___

3 ） <u>Die Lehrerin</u> hilft <u>der Schülerin und dem Schüler</u>.

___

4 ） <u>Lea und ich</u> kaufen Jonas <u>den Kugelschreiber</u>.

___

5 ） <u>Die Frau</u> schenkt <u>dem Mädchen</u> <u>die Uhr</u>.

___

da / dar ＋前置詞

前置詞に続く名詞は、これが「人」の場合はüber ihn、für sie、mit ihnenのように人称代名詞で置き換えられます。一方、「もの」「こと」の場合は、前置詞の前にdaまたはdarをつけた1語で表します。

Ich reise **mit meinen Eltern** nach Deutschland.　両親と一緒にドイツに旅行する。← 人

　　　→ Ich reise **mit ihnen** nach Deutschland.

Ich schneide **mit diesem Messer** Brot.　このナイフでパンを切る。← もの・こと

　　　→ Ich schneide **damit** Brot.

＊子音で始まる前置詞にはdaを、母音で始まる前置詞にはdarをつけます。

　da ＋前置詞：dafür　damit　davon　dazu　…

　dar ＋前置詞：daran　darauf　darin　darüber　…

 Übung 4 ▶ ▶　下線部を「前置詞＋人称代名詞」または「da[r] ＋前置詞」にして全文を書きかえましょう。

1 ）Meine Mutter schneidet <u>mit diesem Messer</u> Fleisch.

_____

2 ）Da steht ein Turm. <u>Vor diesem Turm</u> steht eine Frau.

_____

3 ）Ich spreche <u>mit meinen Eltern</u> <u>über das Problem</u>.

_____

4 ）<u>Nach dem Unterricht</u> geht Jonas <u>ohne seine Freunde</u> ins Kino.

_____

5 ）Lea lernt <u>für die Prüfung</u> sehr viel.

_____

非人称の es

• esには、特定の対象を指すのではなく、形式的な主語として用いられる用法があります。

①天候・自然現象

　Es regnet heute.　今日は雨が降っている。

　Morgen schneit **es**.　明日は雪が降る。

　Morgen wird **es** sehr kalt.　明日はとても寒くなる。

　Übermorgen ist **es** in Dresden wolkig.　明後日はドレスデンでは曇りだ。

②体調

Es ist mir kalt. / Mir ist kalt.　私は寒い。

Wie geht **es** dir? ― Danke, mir geht **es** gut.　調子はどう？ ― ありがとう、元気です。

③時刻

Wie spät ist **es**? / Wie viel Uhr ist **es**? ― **Es** ist 7 Uhr.　何時ですか？ ― ７時です。

④熟語

es gibt + ④格　④格がある

In dieser Stadt gibt **es** keine Bibliothek.　この町には図書館がない。

Im Winter gibt **es** in den Bergen viel Schnee.　冬には山にたくさん雪がある。

45 **Übung 5** ▶　次の文の意味を考えましょう。

1 ）Gibt es hier in der Nähe einen Supermarkt?

2 ）Im Zimmer ist es warm, aber draußen ist es sehr kalt.

3 ）Wie geht es deinem Mann? ― Ihm geht es schlecht. Er hat Fieber.

4 ）Heute Mittag gibt es Schnitzel vom Schwein mit Pommes.

5 ）Es ist schon spät. Wir gehen ins Bett.

46 **Übung 6** ▶　与えられた語を使ってドイツ語で文を作りましょう。足りない語は調べて補ってください。

1 ）私はこの小説を知っています。それをおもしろいと思います。

dieser Roman　finden　kennen　interessant

2 ）駅前にスーパーマーケットとカフェがあります。

der Bahnhof　ein Café　ein Supermarkt　geben　und

3） 私の家族はこの白ワインを飲むのが好きです。それはとてもおいしいです。

meine Familie　dieser Weißwein　schmecken　gern　sehr gut

4） 私は頭痛がして、寒いです。

Kopfschmerzen　haben　kalt

5） 父は自転車を買い、それで仕事に行きます。

ein Fahrrad　zur Arbeit fahren　und

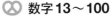

これも知っておこう！

数字 13〜100

13　dreizehn	20　zwanzig	21　ein**und**zwanzig
14　vierzehn	30　drei**ß**ig	34　vier**und**dreißig
15　fünfzehn	40　vierzig	68　acht**und**sechzig
16　**sech**zehn	50　fünfzig	81　ein**und**achtzig
17　**sieb**zehn	60　**sech**zig	
18　achtzehn	70　**sieb**zig	100　hundert
19　neunzehn	80　achtzig	
	90　neunzig	

- 2桁の数字では、1の位を先に読み、続けて10の位を読みます。
- 1は、語末では eins、語頭や語中では ein になります。

　　101　hundert**eins**　　21　**ein**undzwanzig

Lektion 7 話法の助動詞、未来・推量の助動詞 werden

A: Was willst du in den Sommerferien machen?

夏休みに何をするつもり？

B: Ich möchte nach Österreich reisen. Und du?

オーストリアに旅行したいと思ってる。あなたは？

A: Ich will in Berlin mein Praktikum machen.

ベルリンでインターンをするつもりだよ。

B: Viel Erfolg!

うまくいくように祈っている。

休暇

Wortschatz & Ausdruck

ans Meer fahren 海に行く　　an den See fahren 湖に行く　　in die Bergen fahren 山に行く

im Ferienhaus verbringen 別荘で過ごす　　nach Europa reisen ヨーロッパに旅行する

mein Praktikum machen インターンをする　　in einem Café jobben カフェでバイトする

den Führerschein machen 運転免許を取る

話法の助動詞の現在人称変化

	können	müssen	wollen	möchte	dürfen	sollen	mögen
ich	**kann**	**muss**	**will**	möchte	**darf**	**soll**	**mag**
du	**kannst**	**musst**	**willst**	möchtest	**darfst**	**sollst**	**magst**
er	**kann**	**muss**	**will**	möchte	**darf**	**soll**	**mag**
wir	können	müssen	wollen	möchten	dürfen	sollen	mögen
ihr	könnt	müsst	wollt	möchtet	dürft	sollt	mögt
sie	können	müssen	wollen	möchten	dürfen	sollen	mögen

話法の助動詞の種類と用法

können　　［能力・可能性］〜できる

Jonas **kann** sehr gut Japanisch sprechen.

Es ist sehr kalt. Morgen **kann** es schneien.

müssen　［必要・必然］〜しなければならない　┃否定文┃〜する必要はない

Es ist schon 23 Uhr. Ich **muss** nach Hause gehen.

Am Sonntag **müssen** wir nicht arbeiten.

wollen　［主語の意志］〜するつもりだ

Lea **will** im Sommer in die Schweiz fahren.

Ich auch! **Wollen** wir zusammen dorthin fahren?

möchte　［願望］〜したい

Was **möchtest** du trinken?

Ich **möchte** einen Weißwein.

＊möchte は、助動詞としての用法のほかに、4 格目的語を取って「〜がほしい」という意味
　でも用いる。

dürfen　［許可］〜してよい　┃否定文┃［禁止］〜してはいけない

Entschuldigung, **darf** man hier rauchen?

Nein, hier **darf** man nicht rauchen.

sollen　［主語以外の意志・希望］〜してほしい、〜すべきである

Alex **soll** sofort zu mir kommen.

Soll ich für dich einkaufen gehen?

mögen　［推量］〜かもしれない、〜だろう

Wie alt **mag** der Mann dort sein? — Ungefähr 70?

Meine Kinder **mögen** Schokolade sehr gern.

＊mögen は、日常的には、助動詞としてではなく、4 格目的語を取って「〜が好き」という
　意味で用いることが多い。

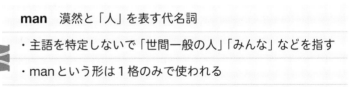

man　漠然と「人」を表す代名詞

・主語を特定しないで「世間一般の人」「みんな」などを指す

・man という形は 1 格のみで使われる

・文法上は 3 人称単数

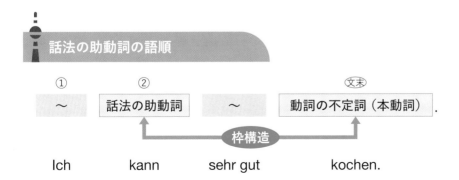

話法の助動詞の語順

① 　　　　② 　　　　　　　　　　　文末
〜　　｜話法の助動詞｜　　〜　　｜動詞の不定詞（本動詞）｜.
　　　　　　　　　　　枠構造

Ich　　　　kann　　　sehr gut　　　kochen.

50 **Übung 1** ▶ ［ ］の話法の助動詞の適切な形を（　　）に入れましょう。

1) Anna（　　　　　）gut Geige spielen.［ können ］

2) Meine Mutter（　　　　　）heute arbeiten.［ müssen ］

3) （　　　　　）ihr in Deutschland studieren?［ wollen ］

4) Mama,（　　　　　）ich heute ins Kino gehen?［ dürfen ］

5) Du（　　　　　）heute nicht ins Kino gehen.［ dürfen ］

6) Meine Eltern（　　　　　）am Wochenende ans Meer fahren.［ möchte ］

7) （　　　　　）ich dir helfen?［ sollen ］

8) Was（　　　　　）Jonas gerade wohl denken?［ mögen ］

9) Was（　　　　　）ihr morgen machen?［ möchte ］

10) Du（　　　　　）heute für die Prüfung lernen.［ müssen ］

51 **Übung 2** ▶ 日本語を参考にして、（　　　）に適切な形の話法の助動詞を入れましょう。

1) Du（　　　　　）nicht zu spät kommen. 遅刻してはいけません。

2) Wer（　　　　　）gut Fußball spielen? 誰がサッカーを上手にできますか？

3) In den Ferien（　　　　　）wir den Führerschein machen. 休みに運転免許を取りたい。

4) Heute（　　　　　）ich nicht mehr arbeiten. 今日はもう仕事をする必要がない。

5) Alex（　　　　　）keinen Fisch. Er isst gern Fleisch.

魚は好きではない。肉を好んで食べる。

6) Lea und Jonas, ihr（　　　　　）zu eurem Vater kommen.

お父さんのところに行くように言われているよ。

7) Der Junge（　　　　　）heute unbedingt Fußball spielen.

その少年は今日、ぜったいにサッカーをするつもりだ。

8) Meine Eltern（　　　　　）ein Haus mit Garten. 両親は庭のある家を欲しいと思っている。

9) （　　　　　）man hier rauchen? ここでタバコを吸ってもいいですか？

10) （　　　　　）ich Sie morgen anrufen? 明日お電話しましょうか？

 話法の助動詞の単独用法

話法の助動詞は本動詞を伴わずに単独で用いる場合もあります。

Alex **kann** sehr gut Französisch.

Ich **muss** jetzt auf die Toilette.

Müsst ihr schon nach Hause?

Wir **wollen** jetzt zur Uni.

 Übung 3 ▶ ▶ ［　　］の意味の話法の助動詞を使って全文を書きかえましょう。

1) Was isst du heute zu Abend?　［〜したい］

_____

2) Lea sieht am Wochenende einen Film.　［〜するつもりだ］

_____

3) Alex, du gehst morgen in die Schule.　［〜しなければならない］

_____

4) Hier parkt man nicht.　［〜してよい］

_____

5) Jonas fährt schon alleine Fahrrad.　［〜できる］

_____

 未来・推量の助動詞 werden

werden の現在人称変化
→ S. 24

①	②		文末
〜	**werden**	〜	動詞の不定詞（本動詞）.

枠構造

Lea　　　　wird　　　nicht zur Party　　　kommen.

• 未来の推量「〜だろう」を表します。

　Lea **wird** nicht zur Party **kommen**.　レーアはパーティーに来ないだろう。

• 話者の決意や命令を表すこともできます。

　Wir **werden** euch nie **vergessen**.　あなたたちのことを決して忘れない。

Jonas, du **wirst** sofort ins Bett **gehen.** ヨーナス、すぐに寝なさい。

• 現在の出来事についての推量を表すこともできます。

Alex ist nicht da. Er **wird** wohl krank **sein.** アレックスがいない。おそらく病気だろう。

＊未来の出来事でも、確実に起こることは現在形で表します。

Ich habe morgen Geburtstag. 私は明日が誕生日です。

53 **Übung 4** 次の文の意味を考えましょう。

1）Anna wird die Prüfung für das Stipendium bestehen.

2）Morgen wird es über 30 Grad werden.

3）Am Sonntag machen wir einen Ausflug. Wir werden Spaß haben.

4）Für dich werde ich alles tun.

5）Wo ist Jonas? — Er wird wohl noch zu Hause schlafen.

54 **Übung 5** 与えられた語を使ってドイツ語で文を作りましょう。足りない語は補ってください。

1）私の娘は将来ウィーンの大学で学ぶつもりです。
meine Tochter　in Wien　später

2）今晩、何を食べたい？ — ピッツァとサラダを食べたい。
heute Abend　eine Pizza　ein Salat　du

3）きみのパソコンを使ってもいい？ — うん、どうぞ。
dein Computer　benutzen　bitte

４）まだ仕事するの？ ― ううん、私は今日はもう働かなくていいです。

arbeiten　noch　nicht mehr

５）きみたちはピアノを上手に弾けますか？ ― いいえ、でも、バイオリンを上手に弾くことができます。

Geige　Klavier　gut　aber

６）お手伝いしましょうか？ ― はい、ドアを開けられないのです。

die Tür　helfen　öffnen　Sie

これも知っておこう！

🥨 werden の役割

① 動詞「〜になる」

Wie alt ist deine Schwester? ― Sie **wird** bald 24.

お姉さんは何歳？ ― もうすぐ24歳になります。

Wie ist das Wetter morgen? ― Morgen **wird** es sehr kalt.

明日の天気はどう？ ― 明日はとても寒くなる。

② 未来・推量の助動詞

Kommt Lea auch? ― Nein, sie **wird** nicht kommen.

レーアも来る？ ― ううん、来ないでしょう。

Wie ist das Wetter morgen? ― Morgen **wird** es schneien.

明日の天気はどう？ ― 明日は雪が降るでしょう。

③ 受動「〜される」の助動詞（→ L10）

Meine Tochter **wird** immer von ihrem Lehrer gelobt.

私の娘はいつも先生に褒められる。

Ich **werde** morgen operiert.

私は明日手術を受ける。

分離動詞・非分離動詞、接続詞

A: Hast du am Wochenende etwas vor?
　週末なにか予定ある？

B: Nein, noch nicht. Und du?
　ううん、まだないよ。あなたは？

A: Wenn es nicht regnet, möchte ich in die Berge fahren.
　雨が降らなければ、山に行きたいと思ってる。

B: Oh, schön. Kann ich mitkommen?
　わぁ、いいね。一緒に行ってもいい？

Wortschatz　　　　　　　　　　　　　　　　　　　　天気

das Wetter 天気　　die Sonne 太陽　　das Gewitter 雷雨　　der Donner 雷　　der Blitz 稲光

es regnet 雨が降っている　　es schneit 雪が降っている　　wolkig 曇っている　　windig 風が強い

schön（天気が）良い　　kalt 寒い　　warm 暖かい　　heiß 暑い　　schwül 蒸し暑い　　Grad ℃

複合動詞

| 前つづり | ＋ | 基礎動詞 |

　前つづりを分離させて用いる　　➡　分離動詞
　前つづりを分離させないで用いる　➡　非分離動詞

分離動詞

aufstehen 起きる

＊辞書の見出しでは、auf|stehen のように、前つづりと基礎動詞の間に｜を入れて表示されます。

Jonas **steht** jeden Tag um 7 Uhr **auf.**　ヨーナスは毎日7時に起きる。

疑問文の場合

Wann **steht** Jonas jeden Tag **auf**?　ヨーナスは毎日何時に起きる？

Steht Jonas jeden Tag um 7 Uhr **auf**? ヨーナスは毎日７時に起きる？

◇ abfahren 出発する　　ankommen 到着する　　anrufen 電話をかける　　aussteigen 降りる
einkaufen 買い物をする　　einladen 招待する　　einsteigen 乗る　　fernsehen テレビを見る
mitkommen 一緒に来る　　stattfinden 開催される　　teilnehmen 参加する
umsteigen 乗り換える　　vorhaben 予定がある　　zurückgeben 返す

- アクセントは前つづりにおきます。
- 話法の助動詞を用いた文では、分離動詞は分離させずに文末におきます。
  Jonas **muss** jeden Tag um 7 Uhr **aufstehen**. ヨーナスは毎日７時に起きなければならない。

🎵 56 **Übung 1** ▶▶ 日本語を参考にして、（　　　）に適切な形の分離動詞を入れましょう。

1) Lea（　　　　　　）an einem Seminar（　　　　）. 参加する

2) Das Seminar（　　　　　　）in München（　　　　）. 開催される

3) Wann（　　　　　　）der Zug nach Hannover（　　　）? 出発する

4) Lea（　　　　　　）in Köln（　　　）. 乗り換える

5) （　　　　　）der Zug pünktlich（　　　）? 到着する

6) Wir（　　　　　）in Hamburg（　　　）. 降りる

7) （　　　　）du auch（　　　）? 一緒に来る

8) Wen（　　　　）Lea zur Party（　　　）? 招待する

9) Mein Bruder（　　　　　　）den ganzen Tag（　　　　）. テレビを見る

10) Er（　　　　）mir den PC nicht（　　　　）. 返す

非分離動詞

- be-, ge-, er-, ver-, zer-, emp-, ent-, miss- などの前つづりを持つ動詞は、分離させずに用います。
  Am Wochenende **besuche** ich meine Großeltern. 週末に祖父母を訪ねる。

◇ bekommen もらう　　besuchen 訪問する　　gefallen 気に入る　　gehören ～のものである
erlauben 許可する　　erzählen 話して聞かせる　　verstehen 理解する　　versuchen 試みる
zerstören 破壊する　　empfehlen 勧める　　entdecken 発見する　　missverstehen 誤解する

- アクセントは前つづりではなく、基礎動詞におきます。

Übung 2 ▶ 日本語を参考にして、（　　　）に適切な形の非分離動詞を入れましょう。

1) Diese Tasche（　　　　　　）mir sehr.　気に入る

2) Meine Tochter（　　　　　　）zum Geburtstag eine Puppe.　もらう

3) Dieser Computer（　　　　　　）meinem Bruder.　〜のものである

4) （　　　　　　）du diesen Film?　理解する

5) Was（　　　　　　）Sie uns zu essen?　勧める

6) Ich（　　　　　　）den Kindern ein Märchen.　話して聞かせる

7) Meine Kinder（　　　　　　）mich heute.　訪ねる

8) Ein Monster（　　　　　　）unsere Stadt.　破壊する

9) Anna（　　　　　　）immer Fehler im Text.　発見する

10) Meine Eltern（　　　　　　）mich oft.　誤解する

接続詞

◆並列接続詞　2つの表現を対等に結ぶ　→ 語順に影響をあたえない

| und 〜と／そして　aber しかし　oder あるいは　denn というのは〜だから |

Mir ist kalt **und** ich habe Kopfschmerzen.　私は寒くて頭が痛い。

Lea trinkt gern Wein, **aber** Jonas trinkt gern Bier.
　　　　　　　　　　　　　　　レーアはワインが好きですが、ヨーナスはビールが好きです。

Was möchten Sie trinken, Kaffee **oder** Tee?
　　　　　　　　　　　　　　　コーヒーか紅茶、どちらをお飲みになりたいですか。

Ich bleibe heute zu Hause, **denn** ich habe Fieber.
　　　　　　　　　　　　　　　私は今日家にいます。というのも熱があるからです。

◆従属接続詞　定動詞は文末に置かれる

| weil 〜なので　wenn 〜ならば／〜の時　dass 〜ということ　obwohl 〜であるのに |
| ob 〜かどうか　als 〜した時 |

• 従属接続詞に導かれる文は副文と呼ばれ、副文では定動詞を文末におきます。

• 主文と副文の間はコンマ（,）で区切ります。

Ich fahre in die Berge, **wenn** es nicht **regnet**.　雨が降らなければ、山に行く。

Wenn es nicht **regnet**, **fahre** ich in die Berge.

① ②主文の定動詞

• 副文では分離動詞は分離させません。

Weißt du, **dass** das Seminar in München **stattfindet**?

セミナーがミュンヘンで開かれることを知ってる？

• 副文で助動詞を用いる場合、文末は「本動詞 ― 助動詞」という順になります。

Ich kann heute nicht zur Party gehen, **weil** ich für die Prüfung **lernen muss**.

テストのために勉強しなくてはいけないので、今日パーティーに行けない。

Übung 3 ▶　文が成り立つように、（　　）に接続詞を入れましょう。

1）Unser Lehrer sagt uns oft, （　　　　）wir viel lernen müssen.

2）（　　　　）Lea Fieber hat, bleibt sie heute zu Hause.

3）Lea bleibt heute zu Hause, （　　　　）sie hat Fieber.

4）Du kannst auch mitkommen, （　　　　）du Lust hast.

5）Es regnet stark, （　　　　）wir gehen spazieren.

6）Wir gehen spazieren, （　　　　）es stark regnet.

7）Gehört dieser Kugelschreiber mir （　　　　）dir?

8）Alex fragt mich, （　　　　）wir in den Ferien zusammen reisen können.

9）Meine Freundin spricht Englisch （　　　　）auch Französisch.

10）（　　　　）das Wetter schlecht ist, bekomme ich immer Kopfschmerzen.

Übung 4 ▶ ［ ］の従属接続詞で２つの文をつなげましょう。

1) Es ist morgen heiß. Wir fahren ans Meer. ［ wenn ］

_____

2) Jonas, du musst ins Bett gehen. Es ist schon spät. ［ weil ］

_____

3) Mein Bruder hat nicht viel Geld. Er kauft einen Sportwagen. ［ obwohl ］

_____

4) Weißt du? Es gibt morgen eine Matheprüfung. ［ dass ］

_____

5) Der Mann fragt mich. Kommt der Zug pünktlich an? ［ ob ］

_____

間接疑問文

間接疑問文も副文となり、定動詞は文末に置かれます。

• **補足疑問文の場合**

疑問詞を従属接続詞の代わりとします。

Ein Mann fragt mich, **warum** die Züge nicht **fahren**.

> Warum fahren die Züge nicht?　どうして電車が動いていないのですか？

• **決定疑問文の場合**

従属接続詞 ob を用います。

Ein Mann fragt mich, **ob** die Züge jetzt **fahren**.

> Fahren die Züge jetzt?　今電車が動いていますか？

Übung 5 ▶ 次の文を Weißt du, ...? に続けて書きかえましょう。

1) Kommt Alex auch zur Party mit?

Weißt du, _____

2) Wann fährt der Bus zur Uni ab?

Weißt du, _____

3) Wohnt Lea jetzt in Leipzig?

Weißt du, _____

4）Warum gibt es heute keinen Unterricht?

Weißt du, _____

5）Wie komme ich zu Fuß zum Bahnhof?

Weißt du, _____

61 Übung 6 ▶ 与えられた語を使ってドイツ語で文を作りましょう。足りない語は補ってください。

1）私たちはブレーメンで乗って、ハーメルンで降ります。

in Bremen   in Hameln

_____

2）私は、息子が来年スイスの大学で学ぶつもりだということを知っています。

nächstes Jahr   die Schweiz   mein Sohn   wissen

_____

3）たくさんタバコを吸うと、病気になるよ。

du   rauchen   werden   krank   viel

_____

4）週末に時間があれば、買い物に行きます。

am Wochenende   Zeit   ich   gehen

_____

5）この自転車は叔母のものです。彼女はそれをとても気に入っています。

dieses Fahrrad   meine Tante   sehr

_____

これも知っておこう！

🥨 **接続詞のように文を結ぶ副詞**

dann そして   danach その後   deshalb そのため
trotzdem それにもかかわらず   …
動詞は定動詞第2位の原則に従います。

　　　　　　　　　　①　　　②
Es regnet heute. Deshalb bleibe ich zu Hause.
今日は雨が降っている。そのため、家にいる。

Lektion 9 　動詞の３基本形、現在完了

A: Was hast du am Wochenende gemacht?
　週末は何をしたの？

B: Ich habe mit meinem Bruder meine
　Großeltern besucht.
　兄（弟）と一緒に祖父母を訪ねたんだ。

A: Hattet ihr Spaß?
　楽しかった？

B: Ja. Wir sind zusammen an den Bodensee
　gefahren.
　うん。一緒にボーデン湖に行ったんだ。

週末

Wortschatz & Ausdruck
ein Buch/Bücher lesen 本を読む 　 einen Film/Filme sehen 映画を観る 　 ins Kino gehen 映画に行く
das Zimmer aufräumen 部屋を片づける 　 in den Wald spazieren gehen 森へ散歩に行く
eine Ausstellung besuchen 展覧会を訪れる 　 einkaufen gehen ショッピングに行く
einen Kuchen backen ケーキを焼く 　 zum Friseur gehen 美容院に行く
auf den Flohmarkt gehen フリーマーケットに行く 　 Freunde treffen 友だちに会う

動詞の３基本形

不定詞、**過去基本形**、**過去分詞**を動詞の３基本形といいます。

	不定詞	過去基本形	過去分詞
◆規則変化	**—en**	**—te**	**ge—t**
	lern**en**	lern**te**	**ge**lern**t**
	arbeit**en**	arbeit**ete**	**ge**arbeit**et**
	öffn**en**	öffn**ete**	**ge**öffn**et**
◆不規則変化	**—en**	**～**	**ge～en**
	fahr**en**	f**u**hr	**ge**fahr**en**
	geh**en**	g**ing**	**ge**g**ang**en
	komm**en**	k**am**	**ge**komm**en**
	schreib**en**	schr**ie**b	**ge**schr**ie**ben

—en	～te	ge～t
bringen	brachte	gebracht
wissen	wusste	gewusst
können	konnte	gekonnt

（→ 主要不規則変化動詞一覧表 S. 94）

◆最重要動詞の3基本形

sein	war	gewesen
haben	hatte	gehabt
werden	wurde	geworden

◆分離動詞の3基本形

aufstehen	stand ... auf	aufgestanden

◆過去分詞で ge- がつかない動詞

① —ieren で終わる動詞　fotografieren、interessieren、probieren、
reservieren、studieren、telefonieren　...

studieren — studierte — studiert

② 非分離動詞（→ L8）

bekommen — bekam — bekommen

versuchen — versuchte — versucht

Übung 1 ▶　次の動詞の過去基本形と過去分詞を書きましょう。* = 不規則変化

besuchen		reservieren	
einkaufen		schlafen*	
essen*		sehen*	
finden*		spielen	
fotografieren		sprechen*	
helfen*		stattfinden*	
lesen*		trinken*	
machen		verstehen*	
müssen*		warten	
reisen		wohnen	

現在完了形

①	②		文末
〜	haben / sein の現在形	〜	過去分詞 .

枠構造

現在完了形は、「〜し終わっている」という「完了」を表したり、純粋に過去の出来事を表したりします。特に日常的な会話では現在完了形が多く使われます。

(→ S. 63 これも知っておこう！)

haben 支配と sein 支配

他動詞 ―― haben 支配
自動詞 ―┬― haben 支配
　　　　└― sein 支配

再帰動詞も haben 支配（→ L11）

① 場所の移動：fahren, gehen, kommen, reisen, abfahren, ankommen, aussteigen, einsteigen, mitkommen, umsteigen ...

② 状態の変化：aufstehen, sterben, werden, wachsen ...

③ sein, bleiben ...

〔辞書の表記では〕

sein 支配の動詞

fahren *i.* (s)
fahren 自 (s)
fahren 自 (完了 sein)

Wir **haben** gestern unsere Großeltern **besucht**.　昨日、祖父母を訪ねた。

Heute **habe** ich lange **gearbeitet**.　今日は長いこと仕事をした。

Wir **sind** gestern zu meinen Großeltern **gefahren**.　昨日、祖父母のところに行った。

Jonas **ist** heute um 5 Uhr **aufgestanden**.　今日5時に起きた。

Wir **sind** zu Hause **geblieben**, weil es geregnet hat.　雨が降っていたので、家にいた。

63 Übung 2 ▶▶ （ ）に完了の助動詞haben またはsein の適切な形を補って、文を完成させましょう。

1 ）Am Wochenende （　　　　　） ich Deutsch gelernt.

2 ）Gestern （　　　　　） wir ins Café gegangen.

3 ）Wann （　　　　　） du gestern nach Hause gekommen?

4 ）Mein Vater （　　　　　） in Frankreich Physik studiert.

5 ）Wir （　　　　　） gestern Fußball gespielt.

6 ）Meine Tochter （　　　　　） fünf Jahre alt geworden.

7 ）Was （　　　　　） Sie gerade gesagt?

8 ）Wohin （　　　　　） ihr im Sommer gereist?

9 ）Schnell! Unser Zug （　　　　　） schon angekommen.

10）In den Ferien （　　　　　） ich mein Praktikum gemacht.

64 Übung 3 ▶▶ 例にならって現在完了形の文を作りましょう。

例 Jonas / gestern seine Großeltern besuchen

→ Hat Jonas gestern seine Großeltern besucht?

— Ja, er hat gestern seine Großeltern besucht.

1 ）du / schon die Hausaufgaben machen

2 ）Sie / schon den Film sehen

3 ）Lea / schon zur Schule gehen

4 ）Lea und Jonas / gestern Abend Pizza essen

5 ）Sie / in Deutschland ein Messer kaufen

6 ）ihr / euren Eltern oft helfen

7) Jonas / schon nach Hause fahren

8) du / heute um 8 Uhr aufstehen

9) der Zug / schon abfahren

10) diese Hose / dir gefallen

65 **Übung 4** ▶ 次の現在形の文を現在完了形に書きかえましょう。

1) Am Donnerstag spiele ich nach der Schule Tennis.

2) Im Sommer reise ich mit meinem Freund nach Südamerika.

3) Lea und Jonas warten zwei Stunden auf den Bus.

4) Wir steigen in Salzburg in den Bus um.

5) Ich verstehe dich sehr gut.

66 **Übung 5** ▶ 与えられた語を使ってドイツ語で文を作りましょう。足りない語は調べて補ってください。

1) 私の娘はハノーファーの大学で情報工学を学びました。
in Hannover　Informatik

2) 昨日、友人たちと映画に行ったの？
du　ins Kino　gestern

3） レーアは両親から誕生日にコンピューターをもらいました。
bekommen　zum Geburtstag　von

4） ドイツで私は毎朝、パンを食べました。
Brötchen　jeden Morgen　in

5） 週末、ヨーナスは森でキノコを見つけました。
Pilze㉘　im Wald　finden

6） 2年前に私の両親が日本に旅行しました。
meine Eltern　Jahr　nach　vor

これも知っておこう！

🥨 過去形と現在完了形 ── どちらを使う？

• 現在完了形：完了した出来事（〜し終わっている）や、純粋に過去の出来事を表します。その場合、gestern 昨日、letzte Woche 先週、vor zwei Jahren 2年前など、発話時点よりも前の特定の時点を指す表現と一緒に用いることができます。

• 過去形：過去の出来事を表しますが、話し言葉では現在完了形の方がより使われます。日常生活で実際に過去形が使われるのは、sein、haben、werden、話法の助動詞などの一部の動詞に限られます。一方、書き言葉では過去形が広く使われます。

• 日常生活での会話 → より現在完了形
• sein、haben、werden、話法の助動詞 → より過去形
• 書き言葉（新聞・雑誌、小説、日記、昔話など）→ より過去形
　＊ドイツ語圏の南部（バイエルン地方やオーストリアなど）では、現在完了形がより使われます。

過去形、受動態

A: Was machst du gerade?
今何しているの？

B: Ich lese gerade einen Roman.
Dieser Roman wurde von Franz
Kafka geschrieben.
小説を読んでいるところだよ。この小説は
フランツ・カフカによって書かれたんだ。

A: Ah, Franz Kafka! In der Schule
musste ich ein Referat über ihn halten.
ああ、フランツ・カフカ！ 学校で彼について
発表しなきゃいけなかったよ。

B: Du auch? Ich habe auch in der Schule ein
Referat über Kafka gehalten.
あなたも？ 私も学校でカフカについて発表したよ。

学校・大学

Wortschatz & Ausdruck

die Schule 学校　　das Gymnasium ギムナジウム　　die Universität 大学　　der Unterricht 授業

die Vorlesung 講義　　das Seminar ゼミ　　lernen 学ぶ　　studieren 大学で学ぶ・専攻する

ein Referat halten レポート発表をする　　ein Referat schreiben レポートを書く　　die Prüfung 試験

der Test テスト　　das Zeugnis 成績証明書　　die Note 成績の評点

動詞の過去人称変化

- 過去形も主語に合わせて人称変化します。
- 主語がichと３人称単数のときは過去基本形のまま、それ以外の主語のときは過去基本形に次の語尾をつけます。

ich	—	wir	—**[e]n**
du	—**st**	ihr	—**t**
er	—	sie	—**[e]n**

sein → war				haben → hatte			
ich	war	wir	war**en**	ich	hatte	wir	hatt**en**
du	war**st**	ihr	war**t**	du	hatte**st**	ihr	hatte**t**
er	war	sie	war**en**	er	hatte	sie	hatt**en**

werden → wurde								können → konnte							
ich	wurde	wir	wurden	ich	konnte	wir	konnten
du	wurdest	ihr	wurdet	du	konntest	ihr	konntet
er	wurde	sie	wurden	er	konnte	sie	konnten

Waren Sie schon einmal in Potsdam? — Nein, in Potsdam **war** ich noch nie.

ポツダムに行ったことはありますか？ — いいえ、ポツダムにはまだ一度も行ったことがありません。

Als ich Kind **war**, **durfte** ich keine Schokolade essen.

子どもだった時、私はチョコレートを食べることを禁止されていた。

Meine Tochter **wurde** vorgestern zehn Jahre alt.

娘が一昨日10歳になった。

Damals **konnte** ich noch nicht gut Fußball spielen.

当時はまだ上手にサッカーができなかった。

> als： 1回限りの過去の出来事を示して「～したとき」
>
> wenn：①繰り返される出来事を示して「～する／した
>
> ときはいつでも」、②「もし～ならば」

Übung 1 68 ▶ 次の文章は小学3年生のJonasが書いた日記です。（　）の動詞を適切な過去形の形に変化させましょう。

„Mein Wochenende", 3b. Jonas Hüttenberg

Am Sonntag 1)(sein) ich mit Paul und Thomas im Zoo. Wir 2)(fahren) mit der S-Bahn dorthin. Es 3)(dauern) nur 15 Minuten bis zum Zoo. Wir 4)(sehen) viele* Tiere, z. B.* Bären, Löwen und Giraffen. Die Giraffen 5)(sein) sehr groß und sehr süß. Im Zoo 6)(kaufen) wir ein Eis und 7)(essen) es auf einer Bank. Das 8)(sein) lecker. Um 4 Uhr 9)(müssen) wir leider nach Hause gehen, denn am Montag 10)(sein) wieder Schule. Wir 11)(haben) viel Spaß.

*viele = viel に形容詞の語尾がついた形 (→ L12)
*z. B. = zum Beispiel と読む

Übung 2 69 ▶ 次の文を過去形に書きかえましょう。

1）Lea ist müde und will nicht zur Schule gehen.

2）Ich habe noch keinen Hunger und kann nichts essen.

_____

3）Herr Stein lebt zwei Jahre in der Schweiz.

_____

4）Meine Schwester ist Lehrerin. Ihre Töchter werden auch Lehrerinnen.

_____

5）Du hast eine Prüfung, deshalb musst du am Wochenende lernen.

_____

受動態

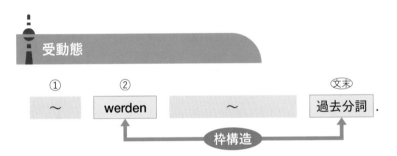

現在形 Das Haus **wird** von meinem Vater **gebaut**. その家は父によって建てられる。

過去形 Das Haus **wurde** von meinem Vater **gebaut** その家は父によって建てられた。

- 「〜によって」：von ＋3格 （動作主）／durch ＋4格 （手段・原因）

Der Roman wurde **von Franz Kafka** geschrieben.

この小説はフランツ・カフカによって書かれた。

Die Häuser wurden im Krieg **durch Bomben** zerstört.

家は戦争中、爆弾によって破壊された。

- 受動文の主語になれるのは、能動文の4格目的語だけ。

3格目的語は受動文でも3格のまま。

Der Mann schenkt den Kindern Bücher. その男性が子どもたちに本をプレゼントする。
　1格　　　　　　　　3格　　　　　　4格

Bücher werden den Kindern von dem Mann geschenkt.
　1格　　　　　　　3格　　　　von ＋3格

能動文の④格 ⇆ 受動文の①格

能動文の①格 ⇆ 受動文 von + ③格

＊能動文の②格や③格の名詞、代名詞は受動文でも格が変わらない

• 能動文の主語 man は、受動文では省略されます。

In der Schweiz spricht **man** auch Deutsch.　スイスではドイツ語も話す。

In der Schweiz **wird** auch Deutsch **gesprochen**.　スイスではドイツ語も話される。

Übung 3 ▶ ▶　次の文を受動態に書きかえましょう。（時制にも注意！）

1) Ein Mann putzt jeden Tag diesen Raum.　ある男性が毎日この部屋を掃除する。

_____

2) Alle Lehrer und Lehrerinnen loben meine Tochter.　先生たちは全員私の娘を誉める。

_____

3) Meine Eltern schenkten mir dieses Auto.　両親が私にこの車をプレゼントしてくれた。

_____

4) In dieser Schule lernt man auch Japanisch.　この学校では日本語も学ぶ。

_____

5) Er löste immer sofort die Probleme.　彼はいつもすぐに問題を解決した。

_____

6) In Österreich und Deutschland trinkt man viel Bier.

オーストリアとドイツではたくさんのビールを飲む。

_____

• **状態受動**：「～されている」「～された状態である」（結果の状態）

①　　　②　　　　　　　　　　　　　　文末

[～]　[sein]　[～]　[他動詞の過去分詞]．

枠構造

Die Bibliothek **ist** von 8 bis 20 Uhr **geöffnet**.　その図書館は8時から20時まで開いている。

Das Restaurant **war** drei Monate lang **geschlossen**.　そのレストランは3か月間閉まっていた。

71 **Übung 4** ▶▶ ▶ 日本語を参考にして、（　）にwerdenまたはseinの適切な形を入れましょう。

1）Das Tor（　　　　　）um 21 Uhr geschlossen. 21時に閉められた。

2）Das Tor（　　　　　）heute den ganzen Tag geschlossen. 今日は一日中閉まっている。

3）Das Geschäft（　　　　　）seit einer Woche geöffnet. 1週間前から開店している。

4）Das Geschäft（　　　　　）vor einer Woche geöffnet. 1週間前に開店した。

5）Mein Fahrrad war kaputt, aber jetzt（　　　　　）das repariert. 修理が終わっている。

6）Mein Fahrrad（　　　　　）gestern repariert. 昨日修理された。

7）Unser Vater（　　　　　）übermorgen operiert. あさって手術を受ける。

8）Die Wäsche（　　　　　）schon gewaschen. もう洗濯してある。

9）Das Zimmer（　　　　　）immer nach dem Unterricht geputzt. 掃除される。

10）Die Straßen（　　　　　）mit Schnee bedeckt. 道路は雪で覆われていた。

72 **Übung 5** ▶▶ ▶ 与えられた語を使ってドイツ語で文を作りましょう。足りない語は補ってください。

1）週末、レーアは家族とケルンに行き（＝いた）、ケルン大聖堂を見学しました。
[後半部分は現在完了で]

die Familie　　der Kölner Dom　　besichtigen　　sein　　in

―――――――――――――――――――――――――――――――――――――

2）私の先生が昨日私を訪ねてきたとき、私は家にいませんでした。
besuchen　　sein　　zu Hause　　als

―――――――――――――――――――――――――――――――――――――

3）事故の後、女性1名と男性1名が病院に運ばれました。
ins Krankenhaus　　der Unfall　　bringen　　nach

―――――――――――――――――――――――――――――――――――――

4）昨日、駅の前で私の自転車が盗まれました。
der Bahnhof　　mein Fahrrad　　stehlen　　vor

―――――――――――――――――――――――――――――――――――――

5）この部屋はもう昨日から改装が終わっています。

dieses Zimmer　renovieren　gestern　seit

6）私たちがお城に到着したとき、入り口の門がすぐに開かれた。

das Eingangstor　am Schloss　ankommen　öffnen　als　sofort

これも知っておこう！

🥨 自動詞の受動文

自動詞は４格目的語をとらないので、受動文で主語にできる語があ
りません。この場合は、主語のない受動文となり、受動の助動詞
werden を主語が３人称単数のときの形にします。

受 Meiner Schwester wird oft von den Freunden geholfen.
　　姉（妹）はよく友人に助けられる。

能 Die Freunde helfen oft meiner Schwester.

受 Am Sonntag wird nicht gearbeitet.
　　日曜日には仕事をしない。

能 Am Sonntag arbeitet man nicht.

再帰代名詞・再帰動詞、zu 不定詞

A: Was hast du in den Weihnachtsferien vor?

クリスマス休みに何をする予定？

B: Ich habe vor, mit meiner Familie Ski
fahren zu gehen.

家族とスキーをしに行く予定だよ。

A: Freust du dich schon auf den Skiurlaub?

今からスキー休暇が楽しみ？

B: Ja, sehr. Denn die letzten zwei Jahre
konnten wir gar nicht Urlaub machen.

うん、とっても。だって、この２年間は全然、休暇旅行に
行けなかったからね。

スポーツ

Wortschatz

spielen + Basketball バスケットボール　　Federball バドミントン　　Fußball サッカー　　Tennis テニス

Handball ハンドボール　　Tischtennis 卓球　　Volleyball バレーボール

laufen 走る　　joggen ジョギングをする　　schwimmen 泳ぐ　　Judo machen 柔道をする

Ski fahren スキーをする　　eislaufen スケートをする　　turnen 体操をする

再帰代名詞

- 主語と同一の人・ものを指す代名詞のことを再帰代名詞と呼びます。
- 3格 と 4格 があります。

	ich	du	er	sie	es	wir	ihr	sie	Sie
3格	mir	dir	**sich**			uns	euch	**sich**	**sich**
4格	mich	dich							

＊１人称と２人称親称の再帰代名詞は、人称代名詞と同じ形になります。（→ S. 40）

Darf ich **mich** vorstellen?　自己紹介してもいいですか？（＝自分を紹介する）

　ich ＝ mich

Jonas setzt **ihn** auf den Stuhl.　ヨーナスは（自分ではない）彼を椅子に座らせる。

　Jonas ≠ ihn

Jonas setzt **sich** auf den Stuhl.　ヨーナスは椅子に座る。（＝自分を座らせる）

　Jonas ＝ sich

再帰動詞

• 再帰代名詞と熟語的に結びついて用いられる動詞を再帰動詞と呼びます。

sich⁴ beeilen　急ぐ

sich⁴ erkälten　風邪をひく

sich⁴ legen　横になる

sich⁴ setzen　座る

sich⁴ vor|stellen　自己紹介する

sich⁴ auf ～⁴ freuen　[4格]を楽しみにする

sich⁴ über ～⁴ freuen　[4格]をうれしく思う

sich⁴ für ～⁴ interessieren　[4格]に興味がある

sich⁴ an ～⁴ erinnern　[4格]のことを覚えている

> 他動詞 ＝ 4格目的語をとる
>
> 自動詞 ＝ 4格目的語をとらない
>
> 再帰動詞 ＝ 再帰代名詞をとる

◆ 再帰動詞の人称変化

主語に合わせて、動詞だけでなく、再帰代名詞も変化します。

Ich interessier**e mich** für die Kunst von Europa.　ヨーロッパの芸術に興味がある。

Du interessier**st dich** für die Kunst von Europa.

Er interessier**t sich** für die Kunst von Europa.

Wir interessier**en uns** für die Kunst von Europa.

Ihr interessier**t euch** für die Kunst von Europa.

Sie interessier**en sich** für die Kunst von Europa.

🎵 **74** **Übung 1** ▶ 日本語を参考にして、（　　）に適切な再帰代名詞または人称代名詞を入れましょう。

1）Ich kaufe（　　　　　）eine Bluse.　彼女にブラウスを買う。

2）Ich kaufe（　　　　　）einen Wintermantel.　自分に冬のコートを買う。

3）Jonas kauft（　　　　　）ein T-Shirt.　自分にTシャツを買う。

4）Legst du（　　　　　）auf das Bett?　彼をそのベッドに寝かせるの？

5）Legst du（　　　　　）auf das Bett?　そのベッドに横になるの？

6）Die Kinder freuen（　　　　　）über das Geschenk.　プレゼントを［もらって］うれしく思う。

7）Wir freuen（　　　　　）auf den Ausflug am Sonntag.　日曜日の遠足を楽しみにしている。

8）Erinnert ihr（　　　　　）noch an euren Großvater?　おじいさんのことをまだ覚えている？

9）Wohin wollen Sie（　　　　　）setzen?　どこにお座りになりたいですか？

10）Ich interessiere（　　　　　）für Weine aus Österreich.　オーストリアワインに興味があります。

1 ）Wir ＿＿＿（　　　　）für Autos aus Italien.　イタリア製の車に興味がある。

2 ）＿＿＿ Sie（　　　）schon auf die Reise in die Schweiz?
今からスイス旅行を楽しみにしている？

3 ）Lea und Jonas ＿＿＿（　　　　）noch gut an die Tage in Japan.
日本での日々のことをまだよく覚えている。

4 ）Mein Sohn ＿＿＿（　　　　）zwischen die Bäume.　木の間に座る。

5 ）Vor dem Essen ＿＿＿ ich（　　　）die Hände.　食事の前に［自分の］手を洗う。

6 ）Euer Zug kommt schon. Ihr müsst（　　　）＿＿＿.　きみたちは急がないと。

7 ）Ruhe, bitte! Jetzt wird Jonas（　　　　）＿＿＿.　お静かに。今からヨーナスが自己紹介します。

8 ）Ich habe（　　　）auf die Europareise lange ＿＿＿.
長いことヨーロッパ旅行を楽しみにしていた。

9 ）Geht es dir nicht gut? — Nein, ich habe（　　　）＿＿＿.　私は風邪をひいた。

10）Hast du（　　　）über den Anruf von Lea ＿＿＿?　レーアからの電話をうれしく思った？

再帰動詞の完了形はhaben支配

zu不定詞

• 動詞の不定詞の前にzuをおいたものをzu不定詞と呼びます。
zu fahren
zu besuchen
分離動詞の場合　ab|fahren → ab**zu**fahren

• zu不定詞を含む句をzu不定詞句と呼び、zu不定詞は句の最後におきます。
heute nach Berlin **zu fahren**
jeden Tag Deutsch **zu lernen**
pünktlich **abzufahren**

• 用法

①主語として：「〜することは」

Ins All **zu fliegen** ist mein Traum.

= Es ist mein Traum, ins All **zu fliegen**.

②目的語として：「〜することを」

Mein Freund hat mir versprochen, mit mir ins All **zu fliegen**.

③名詞を修飾して：

Hast du Lust, mit mir ins All **zu fliegen**?

④前置詞＋zu不定詞句

• um 〜 zu不定詞　〜するために

Mein Bruder geht nach Wien, **um** dort Medizin **zu studieren**.

兄（弟）は大学で医学を学ぶためにウィーンに行く。

• ohne 〜 zu不定詞　〜せずに

Mein Bruder ist abgefahren, **ohne** uns etwas **zu sagen**.

兄（弟）は私たちに何も言わずに出発した。

• statt 〜 zu不定詞　〜するかわりに

Jonas sieht gerade fern, **statt** für die Prüfung **zu lernen**.

ヨーナスは今、試験勉強をするかわりにテレビを見ている。

76 Übung 3 ▶ zu不定詞を使って次の書き出しに続け、文を完成させましょう。

1 ）Lea reist in den Ferien nach Japan.

Lea hat vor, _____ .

2 ）Du fährst am Wochenende mit mir in die Berge.

Hast du Lust, _____ ?

3 ）Man steht jeden Tag um 5 Uhr auf.

Es ist nicht leicht, _____ .

4 ）Mein Vater schenkt mir sein Auto.

Mein Vater hat mir versprochen, _____ .

5 ）Ich baue ein Haus mit Garten selbst.

Ich habe den Wunsch, _____ .

6 ）Eva erzählt den Kindern ein Märchen.

Eva hat keine Zeit, _____ .

7 ）Jonas verbringt den Sommer am Mittelmeer.

Jonas jobbt jetzt viel, um _____ .

8) Tim nimmt einen Regenschirm mit.

Tim ist nach England abgereist, ohne _____ .

9) Alex schreibt einen Brief.

Alex ruft seine Großeltern an, statt _____ .

10) Bald kann ich wieder frei reisen.

Ich hoffe, _____ .

Übung 4 ▶ 与えられた語を使ってドイツ語で文を作りましょう。足りない語は補ってください。

1) ヨーナスは日本で、京都と大阪を訪問する予定です。

in Japan　besuchen　vorhaben　und

_____

2) 私の母は何も買わずにデパートから出てきました。

das Kaufhaus　kommen　aus　ohne　etwas

_____

3) 日本の歴史に興味がおありですか？

die Geschichte　Sie　interessieren

_____

4) ギリシャでのあの休暇のことをまだ覚えていますか？

in Griechenland　jener Urlaub　noch

_____

5) 私は今からスイスへの旅行を楽しみにしています。

die Reise　die Schweiz　in　schon

_____

6) 毎日家族のために料理するのは簡単ではありません。

jeden Tag　kochen　leicht

_____

これも知っておこう！

🥨 「互いに」という意味を表す再帰代名詞

再帰代名詞は、主語が複数形のとき「互いに」という意味になることがあります。これを相互代名詞と呼びます。

Wir verstehen uns sehr gut.

私たちはお互いによく理解しあっている。

Kennt ihr euch schon?

もう知り合いですか？（＝お互いに知っていますか？）

🥨 3格の再帰代名詞をとる動詞

3格の代名詞をとる動詞はあまり多くありません。

sich^3 ～^{4} erlauben　　敢えて～する

　Darf ich mir noch eine Frage erlauben?

　　もう1つ質問させていただけますか？

sich^3 ～^{4} merken　　～を覚えておく

　Ich kann mir meine Handynummer noch immer nicht merken.

　　私は自分の携帯電話の番号がいまだに覚えられない。

sich^3 ～^{4} vorstellen　　～を想像する、思い描く

　Wie stellst du dir deine Zukunft vor?

　　あなたは自分の将来をどのように思い描いているの？

Lektion 12　形容詞の格変化、比較表現

A: Guten Tag, ich suche einen Wintermantel.

こんにちは、冬のコートを探しています。

B: Guten Tag. Wie ist es mit dem roten Mantel hier?

こんにちは。こちらの赤いコートはいかがですか？

A: Hm ... der ist mir zu lang. Ich möchte einen kürzeren Mantel.

う〜ん…これは私には長すぎます。もっと短いコートが欲しいです。

B: Dann empfehle ich Ihnen den blauen Mantel dort.

それでしたら、あちらの青いコートをお勧めします。

色

Wortschatz

rot 赤い　　blau 青い　　hellblau 水色の　　dunkelblau 紺色の　　grün 緑色の　　hellgrün 明るい緑色の
braun 茶色の　　dunkelbraun 濃い茶色の　　gelb 黄色の　　weiß 白い　　schwarz 黒い　　grau 灰色の
orange オレンジ色の　　rosa ピンク色の　　violett 紫色の　　golden 金色の　　silbern 銀色の
bunt カラフルな　　hell- 淡い〜　　dunkel- 濃い〜

形容詞の格変化

- 形容詞は、名詞の前に置いて名詞を修飾するとき、語尾をつけます。

  Dieses Haus ist sehr **groß**.　この家はとても大きい。

  Hier ist ein sehr **groß**es Haus.　ここにとても大きな家がある。

- 語尾は、冠詞の有無、冠詞の種類、名詞の性・数・格によって形が変わります。

  ①定冠詞／定冠詞類＋形容詞＋名詞

  ②不定冠詞／不定冠詞類＋形容詞＋名詞

  ③形容詞＋名詞

①定冠詞の後

	男性単数１格	
–e	女性単数１格・４格	
	中性単数１格・４格	
–en	それ以外	

②不定冠詞の後

–er
–e
–es
–en

③ 無冠詞の場合

　男性単数2格、中性単数2格以外は定冠詞類変化と同じ語尾。

　（定冠詞類変化 → S. 34）

	男性名詞	女性名詞
1格	der deutsche Wein ein deutscher Wein deutscher Wein	die frische Milch eine frische Milch frische Milch
2格	des deutschen Weins eines deutschen Weins deutschen Weins	der frischen Milch einer frischen Milch frischer Milch
3格	dem deutschen Wein einem deutschen Wein deutschem Wein	der frischen Milch einer frischen Milch frischer Milch
4格	den deutschen Wein einen deutschen Wein deutschen Wein	die frische Milch eine frische Milch frische Milch

	中性名詞	複　　数
1格	das deutsche Bier ein deutsches Bier deutsches Bier	die kleinen Kinder meine kleinen Kinder kleine Kinder
2格	des deutschen Biers eines deutschen Biers deutschen Biers	der kleinen Kinder meiner kleinen Kinder kleiner Kinder
3格	dem deutschen Bier einem deutschen Bier deutschem Bier	den kleinen Kindern meinen kleinen Kindern kleinen Kindern
4格	das deutsche Bier ein deutsches Bier deutsches Bier	die kleinen Kinder meine kleinen Kinder kleine Kinder

Übung 1 ▶ 次の語句を格変化させましょう。

1格 der neu＿＿ Mantel 　　　 diese schön＿＿ Tasche 　　　 jedes alt＿＿ Buch

2格 ＿＿＿＿＿＿＿＿＿ 　　　 ＿＿＿＿＿＿＿＿＿ 　　　 ＿＿＿＿＿＿＿＿＿

3格 ＿＿＿＿＿＿＿＿＿ 　　　 ＿＿＿＿＿＿＿＿＿ 　　　 ＿＿＿＿＿＿＿＿＿

4格 ＿＿＿＿＿＿＿＿＿ 　　　 ＿＿＿＿＿＿＿＿＿ 　　　 ＿＿＿＿＿＿＿＿＿

1格 alle grün___ Bäume   ein neu___ Mantel   meine schön___ Tasche

2格 _____   _____   _____

3格 _____   _____   _____

4格 _____   _____   _____

1格 ihr alt___ Buch   unsere alt___ Eltern   groß___ Hunger

2格 _____   _____   _____

3格 _____   _____   _____

4格 _____   _____   _____

1格 kühl___ Milch   frisch___ Brot   alt___ Städte

2格 _____   _____   _____

3格 _____   _____   _____

4格 _____   _____   _____

Übung 2 ▶▶ ___に適切な形容詞の語尾を入れましょう。

1） Wo ist mein neu___ dünn___ Computer?

2） Ich kaufe diesen blau___ Rock und diese weiß___ Bluse.

3） Mein Großvater fährt einen neu___ rot___ Sportwagen.

4） Die Mutter meines alt___ Freundes hat ein groß___ Haus.

5） Österreichisch___ Wein schmeckt mir sehr gut. Ich trinke nur österreichisch___
   Wein.

6） Eine nett___ Frau hat dem klein___ Mädchen interessant___ Bücher geschenkt.

7） Seine Freundin hat blau___ Augen und blond___ Haare.

8） Dieser japanisch___ Student studiert an der deutsch___ Universität.

9） Lea fährt mit ihrem schnell___ Auto an den Bodensee.

10） Ich habe am fünft___ Juli Geburtstag.

形容詞の名詞化

• 形容詞は、格語尾をつけて名詞として使うこともできます。

• 男性単数、女性単数、複数の語尾をつけると「〜な人」、中性単数の語尾をつけると「〜
  なもの・こと」という意味になります。

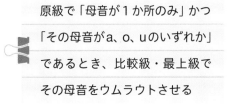

- 頭文字は大文字にします。

Ich kenne einen **Deutsch**en. ドイツ人男性を１人知っています。

Kennst du die **Deutsch**e? そのドイツ人女性のこと知ってる？

Kennst du die **Deutsch**en? そのドイツ人たちのこと知ってる？

Steht etwas **Interessant**es in dem Buch? その本に何かおもしろいことは載ってる？

 Übung 3 ▶▶ 下線の語句に注意して次の文の意味を考えましょう。

1） <u>Der Kranke</u> liegt schon seit einem Monat im Krankenhaus.

2） <u>Ein Bekannter</u> von mir kommt nächste Woche nach Japan.

3） Die Kinder möchten immer <u>etwas Süßes</u> essen.

4） Die Schuhe gehören <u>den Deutschen</u>.

5） <u>Eine Norddeutsche</u> geht zu <u>dem Süddeutschen</u> und gibt ihm <u>etwas Leckeres</u>.

6） Ich habe <u>Verwandte</u> in Neuseeland.

 ## 比較級・最上級

原級	比較級	最上級
–	**–er**	**–st**
klein	klein**er**	klein**st**
schnell	schnell**er**	schnell**st**
schön	schön**er**	schön**st**
lang	läng**er**	läng**st**
jung	jüng**er**	jüng**st**
warm	wärm**er**	wärm**st**
alt	ält**er**	ält**est**
kurz	kürz**er**	kürz**est**
groß	größ**er**	größ**t**

原級で「母音が１か所のみ」かつ
「その母音が a、o、u のいずれか」
であるとき、比較級・最上級で
その母音をウムラウトさせる

groß の最上級の語尾は
–t のみ

・注意が必要なもの

原級	比較級	最上級
hoch	höher	höchst
nah	näher	nächst

原級	比較級	最上級
gut	**besser**	**best**
viel	**mehr**	**meist**
gern	**lieber**	**am liebsten**

比較級・最上級の用法

・比較級の用法

Der Fuji ist **höher als** die Zugspitze.　富士山はツークシュピッツェより高い。

Lisa läuft **schneller als** Jonas.　リーザはヨーナスよりも走るのが速い。

Ich möchte einen **kürzeren** Mantel.　もっと短いコートが欲しいです。

・最上級の用法

Der Fuji ist der **höchste** Berg in Japan.　富士山は日本で一番高い山です。

Der Fuji ist **am höchsten** in Japan.　富士山は日本で一番高いです。

Lisa läuft **am schnellsten** in der Klasse.　リーザは走るのがクラスで一番速い。

81 **Übung 4** ▶　日本語を参考にして [　] から形容詞・副詞を選び、その比較級または最上級の適切な形を（　）に入れましょう。

> alt　gern　groß　gut　hell　jung　lang　schön　viel　warm

1）Die Donau ist（　　　　）als der Rhein.　ドナウ川はライン川より長い。

2）Berlin ist die（　　　　）Stadt in Deutschland.　ベルリンはドイツで一番大きい町だ。

3）Jonas hat eine（　　　　）Schwester.　ヨーナスには姉が1人いる。

4）In Australien ist es im Februar（　　　　）.　オーストラリアでは2月が一番暖かい。

5）Ich trinke（　　　　）Wein als Bier.　ビールよりワインの方が好きだ。

6）Wer spricht hier（　　　　）Italienisch?　ここで一番上手にイタリア語を話すのは誰？

7）Das ist die（　　　　）Blume auf der Welt.　これは世界で最も美しい花だ。

8）Mein Bruder ist drei Jahre（　　　　）als meine Schwester.　兄（弟）は姉（妹）より3歳若い。

9）Mein Sohn isst（　　　　）in der Familie.　息子は家族の中で一番たくさん食べる。

10）Ich wohne in einem（　　　　）Zimmer als er.　彼よりも明るい部屋に住んでいる。

Übung 5 ▶ 与えられた語を使ってドイツ語で文を作りましょう。足りない語は補ってください。

1）オーストリアで一番大きい町はなんという名前ですか？
　　Österreich　die Stadt　heißen　wie

_____

2）私には兄が1人と妹が1人います。
　　alt　jung　haben

_____

3）この美しい小さい町にドイツで最も古い大学があります。
　　die Universität　geben　es　in

_____

4）新聞に何か面白いことは載っている？
　　die Zeitung　stehen　interessant　in　etwas

_____

5）何を食べるのが一番好きですか？
　　du　gern

_____

これも知っておこう！

🥨 **序数「第〜の」「〜番目の」**

1.		erst
2.〜19.	基数 + t	zweit, **dritt**, viert, ... **siebt**, **acht**, neunt, ...
20.〜100.	基数 + st	dreiundzwanzigst, fünfundsiebzigst, hundertst

- 序数を数字で表すときは、数字の直後にピリオド（.）をおきます。
- 序数は付加語として使い、形容詞の語尾をつけます。
　Heute ist der 3.（dritt**e**）Oktober.　今日は10月3日だ。
　Ich wohne im 6.（sechst**en**）Stock.　私は7階に住んでいる。

> ドイツ語圏の6階は、日本式の数え方では7階

Lektion 13　関係代名詞・関係副詞、命令形

A: Sag mal, wer ist der Mann dort,
der gerade Getränke holt?

ねえ、今、飲み物を取りに行っているあの男性って誰？

B: Das ist mein Kollege Paul. Kennst du ihn
noch nicht?

同僚のパウルだよ。彼のことまだ知らないんだっけ？

A: Nein. Und wer ist die Frau, mit der Paul
gerade spricht?

うん。で、パウルが今話している女性は誰？

B: Das ist meine jüngere Schwester Laura.
Du hast sie doch auf meiner
Geburtstagsparty kennengelernt.

それは僕の妹のラウラだよ。僕の誕生日パーティーで
知り合ったじゃない。

親族名称

Wortschatz

Mutter 母　Vater 父　Bruder 兄／弟　Schwester 姉／妹　Sohn 息子　Tochter 娘

Großmutter 祖母　Großvater 祖父　Oma おばあちゃん　Opa おじいちゃん　Onkel おじ

Tante おば　Neffe 甥　Nichte 姪　Cousin 男性のいとこ　Cousine 女性のいとこ

älterer Bruder 兄　jüngerer Bruder 弟　ältere Schwester 姉　jüngere Schwester 妹

関係代名詞

	男性単数	女性単数	中性単数	複　数
1格	der	die	das	die
2格	dessen	deren	dessen	deren
3格	dem	der	dem	denen
4格	den	die	das	die

- 関係代名詞の性・数　→ 先行詞の性・数と同じ
- 関係代名詞の格　　　→ 関係文の中での役割で決まる
- 関係文は副文　　　　→ 定動詞は文末におく（副文 → S. 54）
- 主文と関係文の間は必ずコンマ（ , ）で区切る

Wer ist **der Mann** dort, ...　…あの男の人は誰ですか？

　　... **der** gerade Getränke holt?　今、飲み物を取りに行っている…

　　　（**Der Mann** holt gerade Getränke.）

　　... **dessen** Bart sehr lang ist?　髭がとても長い…

　　　（Der Bart **des Mannes** ist sehr lang.）

　　... **dem** viele Leute helfen?　大勢の人が助けている…

　　　（Viele Leute helfen **dem Mann**.）

　　... **den** gerade die Bürgermeisterin gegrüßt hat?　今、市長が挨拶した…

　　　（Die Bürgermeisterin hat **den Mann** gerade gegrüßt.）

　　... **mit dem** Paul gerade spricht?　パウルが今話している…

　　　（Paul spricht **mit dem Mann**.）

84 **Übung 1** ▶▶ （　　）に適切な関係代名詞を入れましょう。

1）Kennst du die Frau, （　　　　）gerade dort mit Daniel spricht?

2）Wo ist das T-Shirt, （　　　　）ich gestern gekauft habe?

3）Da ist ja der Autoschlüssel, （　　　　）ich die ganze Zeit gesucht habe.

4）Die Kinder, （　　　　）hier sehr gut Fußball spielen, kommen aus Argentinien.

5）Wer sind die Leute, （　　　　）Sie geholfen haben?

6）Wien ist die Stadt, （　　　　）ich oft besuche.

7）Die Katze, （　　　　）mein Sohn jeden Tag Milch gibt, ist heute nicht

　　gekommen.

8）Ich sehe heute den Film, （　　　　）Regisseur einen Preis bekommen hat.

9）Wo ist das Messer, mit （　　　　）ich immer Fleisch schneide?

10）Das Gebäude, in （　　　　）ein Mann gerade geht, ist eine Bank.

関係副詞 **wo**

• 先行詞が場所を表す場合、前置詞＋関係代名詞の代わりに **wo** を使うこともできます。
　Ich besuche oft **die Stadt**, **in der** ich als Kind wohnte.
　Ich besuche oft **die Stadt**, **wo** ich als Kind wohnte.

　　　　　　　　　　　　　　　　私は、子どもの時に住んでいた町をよく訪れる。

• 先行詞が地名の場合は、**wo のみ**を使うことができます。
　Ich besuche oft **Wien**, **wo** ich als Kind wohnte.

　　　　　　　　　　　　　　　　私は、子どもの時に住んでいたウィーンをよく訪れる。

♪85 Übung 2 ▶▶ （　　）に適切な関係代名詞または関係副詞woを入れましょう。

1）Ich studiere in Berlin, （　　　　）auch mein Großvater studierte.

2）Ich studiere an der Uni, （　　　　）auch mein Großvater studierte.

3）Ich studiere an der Uni, an （　　　　）auch mein Großvater studierte.

4）Wir haben in Mailand Urlaub gemacht, （　　　　）wir früher wohnten.

5）Das ist das Café, in （　　　　）ich meine Frau kennengelernt habe.

6）Das ist das Café, （　　　　）ich meine Frau kennengelernt habe.

7）Lisa ist nach Leipzig gefahren, （　　　　）ihre Großeltern wohnen.

8）Erinnerst du dich noch an die Stadt, in （　　　　）du als Kind gelebt hast?

9）Salzburg ist die Stadt, （　　　　）Mozart geboren wurde.

10）Das ist der Platz, auf （　　　　）der Weihnachtsmarkt stattfindet.

♪86 Übung 3 ▶▶ 日本語を参考にして、関係代名詞を使って1つの文につなげましょう。

1）Wie heißt die Studentin? Die Studentin hält jetzt ein Referat.
今から発表する学生はなんていう名前？

2）Die Studenten sprechen über einen Film. Den Film haben sie gestern gesehen.
学生たちが、昨日見た映画について話している。

3）Auf der Bühne steht ein Mann. Wer ist der alte Mann?
舞台に立っている年取った男性は誰ですか？

4）Der Zug kommt um 15:35 Uhr an. Meine Kinder kommen mit diesem Zug.
私の子どもたちが乗ってくる列車は15時35分に到着する。

5）Mein Onkel ist sehr reich. Dieses große Haus gehört meinem Onkel.
この大きい家の持ち主である私の叔父はとても裕福だ。

6) Ich lese einen Roman. Der Autor des Romans hat den Nobelpreis bekommen.

　　私は、その著者がノーベル賞を受賞した小説を読んでいる。

命令形

命令形は、相手がSieを使って話す人物なのか、親称を使って話す人物1人（du）なのか、複数人（ihr）なのかによって異なります。

[Sie に対して]

語幹[e]n + Sie 〜!

Kommen Sie sofort zu mir! すぐに私のところに来てください。

[ihr に対して]

語幹[e]t 〜!

Kommt sofort zu mir!

[du に対して]

・不規則動詞（e → i、e → ie）：幹母音をi / ieに変えて語尾を取る。

sprechen　　**Sprich** bitte noch langsamer! もっとゆっくりしゃべって！

sehen　　　　**Sieh** mal dort! ちょっとあそこを見て！

・それ以外：**語幹[e] 〜!**

Komm sofort zu mir!

Arbeite weiter! さらに続けて仕事をしなさい！

Fahr nicht so schnell! そんなに速く運転しないで！

> 語幹がtやdで終わる動詞のduに対する命令形は、語幹に必ずeをつける

[分離動詞の命令形]

Bring den Regenschirm **mit**! 傘を持って行きなさい！

[sein の命令形]

Sie に対して　　**Seien Sie** bitte leise! 静かにしてください。

ihr に対して　　**Seid** bitte leise!

du に対して　　**Sei** bitte leise!

🎵 **Übung 4** ▶ 例にならって、命令文に書きかえましょう。

例 Du musst heute früh nach Hause kommen. 今日は早く帰宅しなくてはいけない。
　　→ Komm heute früh nach Hause!

1) Sie müssen noch mehr lernen.

_____

2) Du musst viele Bücher lesen.

_____

3) Ihr müsst hier ein bisschen warten.

_____

4) Du musst in der Schule brav sein.

_____

5) Ihr müsst morgen eure Eltern anrufen.

_____

6) Sie müssen morgen um 5 Uhr aufstehen.

_____

🎵 **Übung 5** ▶ 与えられた語を使ってドイツ語で文を作りましょう。足りない語は補ってください。

1) きみが探している眼鏡は、テレビの前にあります。
die Brille　der Fernseher　liegen　suchen

_____

2) 兄はガールフレンドが住んでいるミュンヘンに引っ越します。
umziehen　wohnen

_____

3) あなたと踊っていた男性は誰ですか？
der Mann　mit　tanzen

_____

4) これは、私がこれまでに見た最も美しい花です。

die Blume　schön　je

_____

5) ヨーナス、音楽をもっと小さい音にして！

die Musik　machen　leise

_____

6) どうぞこちらにお座りください。

bitte　hier　Platz nehmen

_____

これも知っておこう！

🥨 不定関係代名詞

特定の名詞を先行詞としないで、「〜する人（**wer**）」、「〜すること／〜するもの（**was**）」という意味を表します。

Wer nicht arbeitet, soll auch nicht essen.　働かざる者食うべからず。
　＝働かない人

Was er sagt, stimmt nicht immer.　彼が言うことは、いつも正しいというわけではない
　＝彼が言うこと

＊不定代名詞 was は、etwas、alles、nichts などを先行詞とすることがあります。

Gibt es **etwas**, **was** ich wissen soll?

私が知っておくべきことは何かある？

Das ist **alles**, **was** ich dir geben kann.

これが、あなたにあげることができるもの全てです。

Lektion 14 接続法第 2 式

A: Was würdest du machen, wenn du Bürgermeister wärest?

もし市長だったら、何をする？

B: Dann würde ich in unserer Stadt ein größeres Krankenhaus bauen.

そうしたら僕たちの町に大きめの病院を建てるよ。

A: Das wäre eine gute Idee.

それは良さそうなアイディアだね。

B: Ja, außerdem könnten dann viele Leute einen Arbeitsplatz finden.

うん、それに、そうしたら大勢の人が仕事を見つけられるだろうしね。

街の施設

Wortschatz

der Bahnhof 駅　　die Burg 城　　das Fußballstadion サッカースタジアム　　die Haltestelle 停留所

der Kindergarten 幼稚園　　das Kino 映画館　　das Krankenhaus 病院　　das Museum 博物館／美術館

die Oper オペラ座　　der Park 公園　　die Post 郵便局　　das Rathaus 市役所　　das Schloss 宮殿

die Schule 学校　　das Theater 劇場　　die Universität 大学

接続法

- 動詞を接続法の形にすると、他人の発言を取り次いだり、仮定の事柄や現実に反する状況を表現することができます。
- 第 1 式と第 2 式があります。
- これまで学んできた動詞の人称変化は直説法と呼ばれ、現実の状況を反映しています。
- 第 1 式 → 間接話法など

  第 2 式 → 仮定の事柄・現実に反する状況、かなわない願望、丁寧な要求表現

接続法第 2 式の人称変化

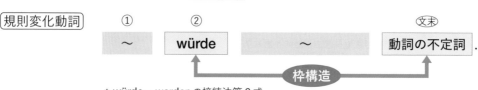

規則変化動詞　　① 　　② 　　文末

〜　　**würde**　　〜　　動詞の不定詞 .

枠構造

* würde ＝ werden の接続法第 2 式

lernen　→ würde ... lernen

spielen → würde ... spielen

＊接続法第 2 式には本来、直説法過去と同じ形（lernte, machte, spielte, ...）が使われていました。今でもその形を見かけることがあります。

不規則変化動詞

過去基本形＋e

過去基本形にeをつけ、アクセントがある母音がa、o、uであればウムラウトさせます。

＊不規則変化動詞でも、sein、haben、werden、話法の助動詞以外は、**würde＋動詞の不定詞**で表すことが多い。

さらに主語に合わせて次の語尾をつけて人称変化させます。

不定詞	haben	sein	werden	können	gehen
過去基本形	hatte	war	wurde	konnte	ging
第 2 式基本形	hätte	wäre	würde	könnte	ginge
ich —	hätte	wäre	würde	könnte	ginge
du —st	hättest	wärest	würdest	könntest	gingest
er —	hätte	wäre	würde	könnte	ginge
wir —n	hätten	wären	würden	könnten	gingen
hr —t	hättet	wäret	würdet	könntet	ginget
sie —n	hätten	wären	würden	könnten	gingen

Übung 1 ▶ 次の動詞を接続法第 2 式で人称変化させましょう。

	denken	geben	kommen	wissen	müssen
過去基本形					
第 2 式基本形					
ich					
du					
er/sie/es					
wir					
ihr					
sie					

接続法第2式の用法

非現実話法

「もし〜ならば、…だろう」と現実に反する状況を仮定し、その帰結を表します。

Wenn ich am Wochenende Zeit **hätte**, **würde** ich ans Meer **fahren**.

週末に時間があれば、海に行くのに。

現実 Weil ich am Wochenende keine Zeit habe, fahre ich nicht ans Meer.

週末に時間がないので、海に行きません。

「もし（あの時）〜だったら、…だっただろう」と過去の現実に反する状況を表すときは、
haben / sein の接続法第2式＋**過去分詞**とします。

Wenn ich am Wochenende Zeit **gehabt hätte**, **wäre** ich ans Meer **gefahren**.

週末に時間があったら、海に行ったのに。

現実 Weil ich am Wochenende keine Zeit hatte, bin ich nicht ans Meer gefahren.

週末に時間がなかったので、海に行きませんでした。

丁寧な要求表現

Ich **hätte** gern einen Apfelkuchen.　りんごケーキを1つください。

Könntest du mir bitte helfen?　手伝ってもらえますか？

Würden Sie bitte das Fenster **aufmachen**?　窓を開けていただけますか？

Ich **würde** mich **freuen**, wenn wir uns bald wieder sehen **könnten**.

じきにまたお会いできたら嬉しく存じます。

Übung 2 ▶ ［　　］の動詞の適切な形を（　　）に入れましょう。

1) Wenn ich Lehrer (　　　　), (　　　　) ich keine Prüfung (　　　　).
[sein / machen]

2) Wenn Jonas mehr Geld (　　　　), (　　　　) er einen Sportwagen (　　　　).
[haben / kaufen]

3) Wie (　　　) ihr jetzt (　　　　), wenn es das Internet nicht (　　　)?
[leben / geben]

4) Wenn wir reich (　　　), (　　　) wir nicht mehr zur Arbeit (　　　).
[sein / gehen]

5) Wenn ich letzten Sommer Zeit (　　) (　　　), (　　　) ich nach Europa
(　　　). [haben / reisen]

6) Wenn Lisa gestern nicht krank (　　　) (　　　), (　　　) sie (　　　).
[sein / ausgehen]

7) Wenn ich das (　　　　), (　　　　) ich nicht mehr im Internet suchen.

[wissen / müssen]

8) (　　　　) Sie mir Ihren PC leihen?　　　　[können]

9) (　　　　) du mir bitte bei den Hausaufgaben (　　　　)?　[helfen]

10) (　　　　) ich das Fenster aufmachen?　　　　[dürfen]

91　Übung 3 ▶▶　例にならって「もし〜ならば、…だろう」という文を作りましょう。

例　Zeit haben — ans Meer fahren ［ ich ］
→ Wenn ich Zeit hätte, würde ich ans Meer fahren.　時間があれば海に行くのに。

1) Geld haben — eine Weltreise machen ［ ich ］

2) jetzt das Taxi nehmen — nicht zu spät kommen ［ wir ］

3) noch mehr lernen — die Prüfung bestehen können ［ du ］

4) Bürgermeister sein — einen neuen Park bauen ［ ich ］

5) heute im Bett bleiben — gleich gesund werden ［ ihr ］

6) den Führerschein haben — mich abholen können ［ mein Freund ］

92　Übung 4 ▶▶　接続法第２式の意味を考えて日本語に訳しましょう。

1) Ich wäre zur Party gekommen, wenn ich kein Fieber gehabt hätte.

2) Ich hätte eine Bitte an Sie.

3) Könnten Sie mir bitte sagen, wie ich zum Bahnhof komme?

_____

4) Wenn es dir schlecht geht, solltest du zum Arzt gehen.

_____

5) Ohne Ihre Hilfe hätte ich das nicht geschafft.

_____

6) Paul tut so, als ob er davon nichts gehört hätte.

_____

⑨₃ Übung 5 ▶▶ 　与えられた語を使って、接続法第2式のドイツ語文を作りましょう。足りない語は補ってください。

1) きみがもう20歳だったら、ワインを飲むことができるのに。

Jahre alt　　schon

_____

2) [私に]時間があれば、あなたと映画に行くのに。

ins Kino　　mit

_____

3) リーザは免許を持っていれば、車でバーゼルに行くだろう。

der Führerschein　　mit

_____

4) 昨日雨が降っていなかったら、[私は]森に散歩をしに行ったのだけど。

regnen　　spazieren gehen　　im Wald

_____

5) あなたに質問があるのですが。

eine Frage　　an

_____

6 ）［私に］明日もう一度電話をいただけませんか。

anrufen　morgen　noch einmal

これも知っておこう！

🥨 接続法第１式を使った間接話法

他人の発言を、自分の発言とより明確に区別したいとき、動詞を接続法第１式の形にして表します。

Lisa sagt, sie **sei** krank.

リーザは、病気だと言っている。

Jonas sagt, er **habe** kein Geld mit.

ヨーナスは、お金を持ち合わせていないと言っている。

Der Mann behauptet, er **habe** nichts gesehen.

その男性は、何も見なかったと言い張っている。

接続法第１式の作り方

語幹**–e**＋人称語尾

不定詞		haben	sein	werden	können	helfen
第１式基本形		**habe**	**sei**	**werde**	**könne**	**helfe**
ich	—	habe	sei	werde	könne	helfe
du	—**st**	hab**est**	sei[e]st	werd**est**	könn**est**	helf**est**
er	—	habe	sei	werde	könne	helfe
wir	—**n**	habe**n**	sei**en**	werde**n**	könne**n**	helfe**n**
ihr	—**t**	habe**t**	sei**et**	werde**t**	könn**et**	helfe**t**
sie	—**n**	habe**n**	sei**en**	werde**n**	könne**n**	helfe**n**

＊実際には、sein と３人称単数以外で接続法第１式が使われることは少ない。

主要不規則動詞変化一覧表

＊ (s)＝完了の助動詞に sein をとる
(s, h)＝意味によって完了の助動詞に sein と haben を使い分ける

不定詞	現在	過去	接続法第2式	過去分詞
beginnen 始める、始まる		**begann**	begänne	**begonnen**
bekommen もらう		**bekam**	bekäme	**bekommen**
bestehen 合格する		**bestand**	bestünde	**bestanden**
bitten 頼む		**bat**	bäte	**gebeten**
bleiben とどまる		**blieb**	bliebe	**geblieben** (s)
brechen 破る、破れる	*du* brichst *er* bricht	**brach**	bräche	**gebrochen** (h, s)
bringen 持ってくる		**brachte**	brächte	**gebracht**
denken 考える		**dachte**	**dächte**	**gedacht**
dürfen …してもよい	*ich* darf *du* darfst *er* darf	**durfte**	**dürfte**	**dürfen** 〈**gedurft**〉
empfehlen 勧める	*du* empfiehlst *er* empfiehlt	**empfahl**	empföhle (empfähle)	**empfohlen**
essen たべる	*du* isst *er* isst	**aß**	äße	**gegessen**
fahren （乗り物で）行く	*du* fährst *er* fährt	**fuhr**	führe	**gefahren** (s,h)
fallen 落ちる	*du* fällst *er* fällt	**fiel**	fiele	**gefallen** (s)
fangen 捕える	*du* fängst *er* fängt	**fing**	finge	**gefangen**
finden 見つける	*du* findest *er* findet	**fand**	fände	**gefunden**
fliegen 飛ぶ		**flog**	flöge	**geflogen** (s)
geben 与える	*du* gibst *er* gibt	**gab**	**gäbe**	**gegeben**
gefallen 気に入る	*du* gefällst *er* gefällt	**gefiel**	gefiele	**gefallen**
gehen 行く		**ging**	**ginge**	**gegangen** (s)

不定詞	現在	過去	接続法第2式	過去分詞
geschehen 起こる	*es* geschieht	**geschah**	geschähe	**geschehen** (s)
gewinnen 勝つ		**gewann**	gewänne (gewönne)	**gewonnen**
haben もっている	*du* hast *er* hat	**hatte**	**hätte**	**gehabt**
halten 止まる	*du* hältst *er* hält	**hielt**	hielte	**gehalten**
hängen 掛かっている		**hing**	hinge	**gehangen**
heißen (…という)名である	*du* heißt *er* heißt	**hieß**	hieße	**geheißen**
helfen 助ける	*du* hilfst *er* hilft	**half**	hülfe (hälfe)	**geholfen**
kennen 知る		**kannte**	kennte	**gekannt**
kommen 来る		**kam**	**käme**	**gekommen** (s)
können …できる	*ich* kann *du* kannst *er* kann	**konnte**	**könnte**	**können** 〈**gekonnt**〉
laden 積む	*du* lädst *er* lädt	**lud**	lüde	**geladen**
lassen …させる	*du* lässt *er* lässt	**ließ**	**ließe**	**lassen** 〈**gelassen**〉
laufen 走る	*du* läufst *er* läuft	**lief**	liefe	**gelaufen** (s)
leihen 貸す		**lieh**	liehe	**geliehen**
lesen 読む	*du* liest *er* liest	**las**	läse	**gelesen**
liegen 横たわっている		**lag**	läge	**gelegen**
missverstehen 誤解する		**missverstand**	missverstünde	**missverstanden**
mögen …かもしれない	*ich* mag *du* magst *er* mag	**mochte**	**möchte**	**mögen** 〈**gemocht**〉
müssen …しなければならない	*ich* muss *du* musst *er* muss	**musste**	**müsste**	**müssen** 〈**gemusst**〉
nehmen 取る	*du* nimmst *er* nimmt	**nahm**	nähme	**genommen**

不定詞	現在	過去	接続法第２式	過去分詞
rufen 呼ぶ		**rief**	riefe	**gerufen**
scheinen 〜に見える、輝く		**schien**	schiene	**geschienen**
schlafen 眠っている	*du* schläfst *er* schläft	**schlief**	schliefe	**geschlafen**
schlagen 打つ	*du* schlägst *er* schlägt	**schlug**	schlüge	**geschlagen**
schließen 閉じる	*du* schließt *er* schließt	**schloss**	schlösse	**geschlossen**
schneiden 切る		**schnitt**	schnitte	**geschnitten**
schreiben 書く		**schrieb**	schriebe	**geschrieben**
schreien 叫ぶ		**schrie**	schriee	**geschrien**
schweigen 黙る		**schwieg**	schwiege	**geschwiegen**
schwimmen 泳ぐ		**schwamm**	schwömme (schwämme)	**geschwommen** (s,h)
sehen 見る	*du* siehst *er* sieht	**sah**	sähe	**gesehen**
sein ある	*ich* bin *du* bist *er* ist *wir* sind *ihr* seid *sie* sind	**war**	**wäre**	**gewesen** (s)
singen 歌う	**sang**		sänge	**gesungen**
sitzen 座っている	*du* sitzt *er* sitzt	**saß**	säße	**gesessen**
sollen …すべきだ	*ich* soll *du* sollst *er* soll	**sollte**	**sollte**	**sollen** 〈**gesollt**〉
sprechen 話す	*du* sprichst *er* spricht	**sprach**	spräche	**gesprochen**
springen 跳ぶ		**sprang**	spränge	**gesprungen** (s)
stehlen 盗む	*du* stiehlst *er* stiehlt	**stahl**	stähle	**gestohlen**
stehen 立っている		**stand**	stünde (stände)	**gestanden**

不定詞	現在	過去	接続法第2式	過去分詞
steigen のぼる		**stieg**	stiege	**gestiegen** (s)
sterben 死ぬ	*du* stirbst *er* stirbt	**starb**	stürbe	**gestorben** (s)
streiten 争う		**stritt**	stritte	**gestritten**
tragen 運ぶ	*du* trägst *er* trägt	**trug**	trüge	**getragen**
treffen 会う	*du* triffst *er* trifft	**traf**	träfe	**getroffen**
treten 歩む	*du* trittst *er* tritt	**trat**	träte	**getreten**
trinken 飲む		**trank**	tränke	**getrunken**
tun する		**tat**	täte	**getan**
verbringen 過ごす		**verbrachte**	verbrächte	**verbracht**
vergessen 忘れる	*du* vergisst *er* vergisst	**vergaß**	vergäße	**vergessen**
verlieren 失う		**verlor**	verlöre	**verloren**
verstehen 理解する		**verstand**	verstände	**verstanden**
wachsen 成長する	*du* wächst *er* wächst	**wuchs**	wüchse	**gewachsen** (s)
waschen 洗う	*du* wäschst *er* wäscht	**wusch**	wüsche	**gewaschen**
werden …になる	*du* wirst *er* wird	**wurde**	**würde**	**geworden** (s) 〈**worden**〉
wissen 知っている	*ich* weiß *du* weißt *er* weiß	**wusste**	**wüsste**	**gewusst**
wollen …するつもりだ	*ich* will *du* willst *er* will	**wollte**	**wollte**	**wollen** 〈**gewollt**〉
ziehen 引く		**zog**	zöge	**gezogen** (h,s)

※接続法第2式は太字の語以外は日常的にはあまり用いられない。

単 語 リ ス ト

＊Lektion 1〜14に用いられている単語のリストです。
数字は初出（一部例外あり）のページを示しています。

A

Abend	29
aber	24
abfahren	53
abholen	91
acht	27
Alkohol	38
alleine	49
aller	34
alles	25
als	54
alt	37
altmodisch	16
am	32
Amerika	10
an	31
ankommen	53
Anruf	72
anrufen	48
ans	32
Anzug	27
Apfel	16
Apfelkuchen	90
Apotheke	32
April	32
Arabisch	22
Arbeit	30
arbeiten	11
Arbeitsplatz	88
Argentinien	83
Arzt	15
Ärztin	15
auf	31
aufmachen	90
aufräumen	58
aufs	32
aufstehen	52
Auge	78
August	32
aus	10
Ausflug	50
außerdem	88
aussteigen	53
Ausstellung	58

Australien	80
Auto	17
Autoschlüssel	83

B

Baby	41
backen	58
baden	11
Bahnhof	32
bald	51
Bank	30
Bär	65
Bart	83
bauen	66
Baum	30
Baumkuchen	19
bedecken	68
beeilen	71
beginnen	29
behaupten	93
bei	28
beim	32
Beispiel	65
Bekannte	79
bekommen	34
Belgien	10
benutzen	50
Berg	28
Berlin	24
Beruf	14
besichtigen	68
bestehen	50
besuchen	34
Bett	31
Bibliothek	28
Bier	13
Bild	21
billig	16
Biologie	12
Birne	16
bis	28
bisschen	22
Bitte	91
bitte	25

blau	76
bleiben	29
Blitz	52
blond	78
Blume	17
Bluse	40
Bodensee	58
Bombe	66
brauchen	38
braun	76
brav	86
Bremen	57
Brief	20
Brille	16
bringen	68
Brot	29
Brötchen	63
Brücke	31
Bruder	19
Buch	17
Bühne	84
bunt	76
Burg	88
Bürgermeister	88
Bürgermeisterin	83
Bus	16

C

Café	28
Chemie	12
China	10
Chinesisch	22
Computer	16
Cousin	82
Cousine	82

D

da	16
dafür	43
damit	43
danach	57
danke	44
danken	41
dann	28

daran	43
darauf	43
darin	43
darüber	43
das（指示代名詞）	25
das（定冠詞）	17
das（関係代名詞）	82
dass	54
dauern	65
davon	43
dazu	43
dein	36
denken	48
denn	54
der（定冠詞）	17
der（関係代名詞）	82
deshalb	39
Deutsch	10
Deutschland	10
Deutschunterricht	29
Dezember	32
dich	40
die（定冠詞）	17
die（関係代名詞）	82
Dienstag	32
dieser	34
dir	40
doch	26
Dom	68
Donau	80
Donner	52
Donnerstag	32
dort	19
dorthin	65
draußen	44
drei	27
Dresden	43
du	10
dunkel-	76
dunkelblau	76
dunkelbraun	76
dünn	78
durch	29
dürfen	46

Peterskirche	41	**S**		setzen	70	suchen	16
Physik	12	sagen	55	Sie	10	Südamerika	62
Pilz	63	Salat	50	Sie (4格)	40	süddeusch	79
Pizza	50	Salzburg	62	sie	10	Supermarkt	28
Platz	84	Samstag	32	sie (4格)	40	Sushi	24
plus	27	Sänger	15	sieben	22	süß	41
Politikwissenschaft	12	Sängerin	15	silbern	76		
Polizist	15	satt	26	sitzen	11	**T**	
Polizistin	15	S-Bahn	34	Ski	70	Tag	27
Polnisch	22	schaffen	92	Skiurlaub	70	Tante	33
Pommes	44	Schal	40	Slowakei	33	tanzen	11
Post	88	Schauspielerin	35	Socken	40	Tasche	19
Potsdam	65	schenken	17	sofort	47	Taschengeld	41
Praktikum	46	schicken	16	Sohn	37	Taxi	24
Präsident	21	Schiff	25	sollen	46	Tee	54
Preis	83	schlafen	22	Sommer	24	teilnehmen	53
probieren	59	schlecht	44	Sommerferien	46	telefonieren	59
Problem	43	schließen	67	Sonntag	32	Tennis	15
Prüfung	28	Schloss	69	Spanien	10	Test	64
Psychologie	12	Schlüssel	41	Spanisch	22	teuer	16
pünktlich	53	schmecken	45	sparen	30	Text	54
Puppe	27	Schnee	30	Spaß	28	Theater	28
putzen	11	schneiden	43	spät	44	Tiere	65
		schnell	38	später	25	Tisch	18
R		Schnitzel	44	spazieren	29	Tischtennis	70
Rathaus	88	Schokolade	25	spielen	12	Tochter	82
rauchen	47	schon	12	Sportwagen	56	Toilette	49
reden	11	schön	16	sprechen	22	Tokio	10
Referat	64	schreiben	19	Stadt	28	Tor	31
Regen	29	Schuhe	17	stark	55	tragen	22
Regenschirm	74	Schule	32	statt	29	Traum	73
Regisseur	83	Schüler	15	stattfinden	53	treffen	22
regnen	43	Schülerin	15	stehen	30	trinken	12
reich	84	schwarz	76	Stein	66	trotz	29
Reise	30	Schwein	44	stellen	31	trotzdem	57
reisen	11	Schweiz	10	sterben	60	Tschechisch	22
reparieren	68	Schwester	19	stimmen	87	T-Shirt	17
reservieren	59	schwimmen	29	Stipendium	50	tun	50
Restaurant	25	schwül	52	Stock	81	Tunnel	30
Rhein	80	sechs	27	Straße	68	Tür	25
Ring	37	See	28	Straßenbahn	34	Türkei	33
Rock	25	sehen	23	streiten	37	Turm	43
Roman	19	sehr	10	Strom	29	turnen	70
rosa	76	sein (動詞)	10	Stück	25		
Rosenheim	24	sein (所有冠詞)	36	Student	14	**U**	
rot	76	seit	28	Studentin	14	U-Bahn	16
Ruhe	72	selber	73	studieren	11	über	31
Russisch	22	Seminar	53	Stuhl	70	übermorgen	43
		September	32	Stunde	22	Uhr	20

um	29	violett	76	Weißwein	45	wollen	46
umsteigen	53	vom	32	weiter	85	Wunsch	73
umziehen	86	von	14	welcher	34		
unbedingt	48	vor	31	Welt	80	**Z**	
und	12	vorhaben	52	Weltreise	30	z. B.	65
Unfall	68	Vorlesung	64	wenn	54	zehn	27
ungefähr	22	vorstellen	71	wer	13	Zeit	14
Uni	34			werden	24	Zeitung	27
Universität	33	**W**		Wetter	25	zerstören	53
uns	40	wachsen	60	wie	10	Zeugnis	64
unser	36	während	29	wieder	74	Zimmer	28
unter	31	Wald	29	Wien	12	Zoo	65
Unterricht	28	Wand	31	windig	52	zu	28
Urlaub	70	wandern	10	Winter	32	Zucker	29
USA	33	wann	13	Wintermantel	76	Zug	24
		warm	44	wir	10	Zugspitze	80
V		warten	11	Wirtschaftswissenschaften	12	Zukunft	75
Vase	31	warum	13	wissen	25	zum	32
Vater	16	was	10	wo	11	zur	32
verbringen	46	Wäsche	68	Woche	30	Zürich	12
vergessen	49	waschen	22	Wochenende	12	zurückgeben	53
verlieren	59	wegen	29	woher	10	zusammen	47
verstehen	41	Weihnachtsferien	70	wohin	12	zwei	27
versuchen	53	Weihnachtsmarkt	84	wohl	48	zwischen	31
Verwandte	79	weil	54	wohnen	11	zwölf	27
viel	14	Wein	16	Wohnung	19		
vier	27	weiß	76	wolkig	43		

著　者

櫻井麻美（さくらい　まみ）

アイレ・ミット・ヴァイレ
―会話<ruby>会話<rt>かいわ</rt></ruby>ではじめるドイツ語文法<ruby>語文法<rt>ごぶんぽう</rt></ruby>―

2023年2月20日　第1刷発行
2024年8月20日　第2刷発行

著　者—— 櫻井麻美
発行者—— 前田俊秀
発行所—— 株式会社 三修社
　　　　　〒150-0001　東京都渋谷区神宮前 2-2-22
　　　　　TEL 03-3405-4511
　　　　　FAX 03-3405-4522
　　　　　振替 00190-9-72758
　　　　　https://www.sanshusha.co.jp
　　　　　編集担当 三井るり子
印刷所—— 壮光舎印刷株式会社

©2023 Printed in Japan　ISBN978-4-384-11277-1 C1084

表紙デザイン　　　　　峯岸孝之
表紙・本文イラスト　　高橋ユウ
本文デザイン・DTP　　大貫としみ（ME TIME LLC）

準拠音声吹込み　　　　Diana Beier-Taguchi・Frank Nickel
準拠音声録音・制作　　高速録音株式会社

教科書準拠CD発売

本書の準拠CDをご希望の方は弊社までお問い合わせください。